上海音乐学院2020年度出版资助项目／上海音乐学院音研所"萧友梅画传"项目

编　著　张　雄　黄旭东　陈　琛
特邀顾问　萧　勤

上海音乐学院出版社
SHANGHAI CONSERVATORY OF MUSIC PRESS

### 图书在版编目(CIP)数据

萧友梅画传 / 张雄, 黄旭东, 陈琛编著. —上海:
上海音乐学院出版社, 2020.12
　　ISBN 978-7-5566-0515-6

Ⅰ.①萧… Ⅱ.①张… ②黄… ③陈… Ⅲ.①萧友梅
(1884-1940)–传记–画册 Ⅳ.①K825.46-64

中国版本图书馆CIP数据核字(2020)第268098号

| | |
|---|---|
| 书　　名 | 萧友梅画传 |
| 编　　著 | 张　雄　黄旭东　陈　琛 |
| 特邀顾问 | 萧　勤 |
| 封面题字 | 萧　勤 |
| 责任编辑 | 鲍　晟 |
| 封面设计 | 梁业礼 |
| 出版发行 | 上海音乐学院出版社 |
| 地　　址 | 上海市汾阳路20号 |
| 印　　刷 | 上海南朝印刷有限公司 |
| 开　　本 | 889×1194　1/12 |
| 印　　张 | $10\frac{2}{3}$ |
| 字　　数 | 图文132面 |
| 版　　次 | 2021年1月第1版　2021年1月第1次印刷 |
| 书　　号 | ISBN 978-7-5566-0515-6/J.1490 |
| 定　　价 | 220.00元 |

斯人斯德 至大至伟
岂止于乐 敦风归美

敬追萧友梅学倡

上音后学 林在勇

二零一八年十一月廿九日 九十一年校庆後二日

上海音乐学院前党委书记、院长林在勇题词：斯人斯德 至大至伟 岂止于乐 敦风归美

中国人民是非常富于音乐性的，中国乐器如果依照欧洲技术加以完善，也是具备继续发展的可能性的。因此我希望将来有一天会给中国引进统一的记谱法与和声，那在旋律上那么丰富的中国音乐将会迎来一个发展的新时代，在保留中国情思的前提下获得古乐的新生，这种音乐在中国人民中间已经成为一笔财产而且要永远成为一笔财产。

——萧友梅：《至17世纪的中国乐队史研究》（博士论文），1916年6月


一个伟大的艺术家是终身努力的……一有私心，便会使艺术家堕落。我们此后要本着大公无我的精神把艺术当作一件神圣的事业，有何成就不单是一己而亦是整个民族的光荣。有了这样的心思再加以继续的努力，然后在世界音乐上才有与人争一日之长的希望。

——萧友梅：《音乐家的新生活·绪论》，1934年5月4日

# 目 录

第一章　学堂少年，负笈东瀛
　　　　（1884—1909）　　　　　　　　　　　　　　　1

第二章　回国从政，追随孙文
　　　　（1909—1912）　　　　　　　　　　　　　　　11

第三章　留学德国，研究音乐
　　　　（1912—1919）　　　　　　　　　　　　　　　16

第四章　立志教育，初展才华
　　　　——北京时期（1920—1927）　　　　　　　　　33

第五章　筚路蓝缕，艰苦创业
　　　　——国立音乐院时期（1927—1929）　　　　　　60

第六章　呕心沥血，献身事业
　　　　——国立音乐专科学校时期（上）（1929—1935）　73

第七章　鞠躬尽瘁，死而后已
　　　　——国立音乐专科学校时期（下）（1936—1940）　93

第八章　永远的纪念　　　　　　　　　　　　　　　　106

后记　　　　　　　　　　　　　　　　　　　　　　　120

# 第一章　学堂少年，负笈东瀛
## （1884—1909）

萧友梅家族的历史，根据萧友梅之子萧勤先生所保存的《萧世范公世系表》记载，可以上溯到宋朝。第一代萧世范，生于约宋天圣十年（公元1032年），原籍江西吉安府龙泉县人，进士出身，1068年宋熙宁元年被朝廷派到广东南雄任知府，乃举家南迁至粤。萧世范的弟弟萧世京亦为进士，任广东转运使。萧氏家族衍至萧友梅一代，已是第二十五代。

1884年1月7日（清光绪九年，癸未，十二月初十），萧友梅生于广东省香山县（现中山市）石岐镇兴宁里的萧氏老宅。其父萧煜增，字焱翘，又字砚樵，为清末秀才，以教家馆为业。母梁碧帆，生有二子一女：长子杞柟，字伯林，次子即友梅，女儿早年夭折。萧友梅的生母于萧友梅出生后不久去世；父亲续弦胡瑞莲，生有二子十女。

中山市原名香山县，中国伟大的民主革命先行者孙中山先生诞生于此。1925年4月16日，为纪念孙中山，香山县改名为中山县；1983年12月22日，中山县改名为中山市；1988年1月7日，中山市从县级升格为地级，由广东省人民政府管辖。

中山市历史上名人辈出，除孙中山、萧友梅外，还有其他许多杰出的政治人物和学者名流。明嘉靖年间，香山出了16个进士，180多个举人。近代名人则有民国初期的总理唐绍仪、著名教育家钟荣光、"四角号码检字法"发明者王云五、影星阮玲玉、电影导演郑君里、传奇文人苏曼殊等。

萧友梅原名乃学,字思鹤;长大立志学习音乐后,改名为友梅,别号雪朋(萧友梅后来留德时用"雪朋"的谐音"Chopin"作为自己的德文名)。

萧友梅五岁时举家移居澳门,开始随其父亲学习古文和书法。在澳门期间,萧家的邻居为葡萄牙籍传教士,他的家中有架当时颇为罕见的风琴,年幼的萧友梅常常被琴声吸引而倾心聆听,有时甚至还会随着所奏乐曲的音调哼唱。这一举动曾被传教士发现后唤其入家中,让其亲手抚弄风琴。这段经历,在萧友梅心中留下深刻的记忆。在他自书简历中有这样的记载:"自幼从父读书,在澳门居住十年,时闻邻近葡萄牙人奏乐,羡慕不置,然未能有机会学习也。"这就是萧友梅最初的音乐启蒙。

萧友梅父亲萧煜增(摄于1915年) 　儿童时代的萧友梅 　澳门灌根书塾创办人陈子褒。萧友梅在澳门时曾入灌根书塾学习了一年左右。

1892年9月,孙中山到澳门镜湖医院担任义务医席,12月开设中西药局,悬壶行医济世。萧孙两家比邻而居,萧友梅从小就受到孙中山革命思想的影响。

时敏学堂创始人邓家让（左）、邓家仁（右）

萧家移居澳门三年之后，孙中山也于1892年来澳门开设诊所。两家是世好，往来甚密。后来，孙中山虽迁药局至广州，但依然经常来澳门活动，在交往中，萧友梅深受这位比他年长十八岁的孙中山的影响。

1898年春天，广州创设了第一所新式学堂——时敏学堂，1900年，萧友梅去广州报名入学。时敏学堂与旧式私塾迥然不同，并没有设置做官必须学习的"八股制艺"，而是效仿西方学校并结合中国实情而设有国文、英文、日文、历史、地理、格致、算学、图画、唱歌、体操等课程。

时敏学堂旧址，在今广州荔湾区多宝路。2002年10月，荔湾区人民政府将黄沙大道多宝路口的街边花园命名为"时敏苑"。碑文上记载："为纪念邓氏兄弟作出的贡献，特在广州西关时敏故址刻石为志。"

萧友梅（右）与父亲萧煜增（中）、三弟萧卓颜（左）在澳门合影（《萧友梅自编影集》编号2）

1901年，萧友梅从时敏学堂毕业。第二年，他自费赴日本留学，入东京高等师范学校附中学习；同时又违背家庭的意愿，在东京帝国音乐学校选修钢琴、声乐。

留日期间，他学习十分刻苦，还利用课余时间做翻译和导游，借此挣点钱以补贴学费、生活费、购书费；利用这些勤工俭学的收入，他还购买了生平第一架旧钢琴。

1904年秋，萧友梅用"萧思鹤"的名字在东京音乐学校选科注册入学，主科唱歌，副科钢琴；1906年7月，他从东京高等师范学校附中肄业。这年10月起，他先在东京法政大学的高等预科进修，然后进入东京帝国大学文科教育系，攻读教育学等科目；并改以"萧友梅"的名字继续在东京音乐学校选修唱歌和钢琴。按清政府学部规定，已考入日本官立大学的萧友梅，取得了广东省官费留学生的资格。

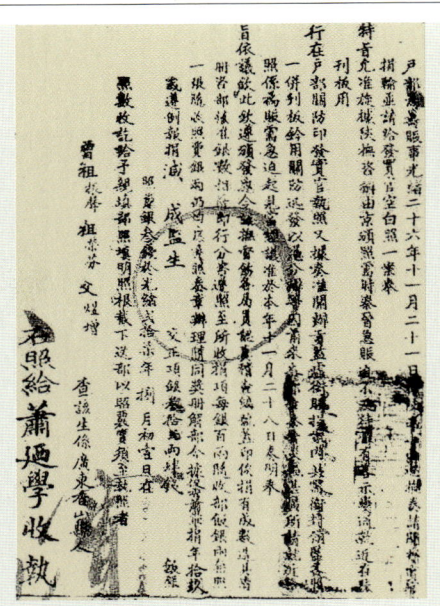
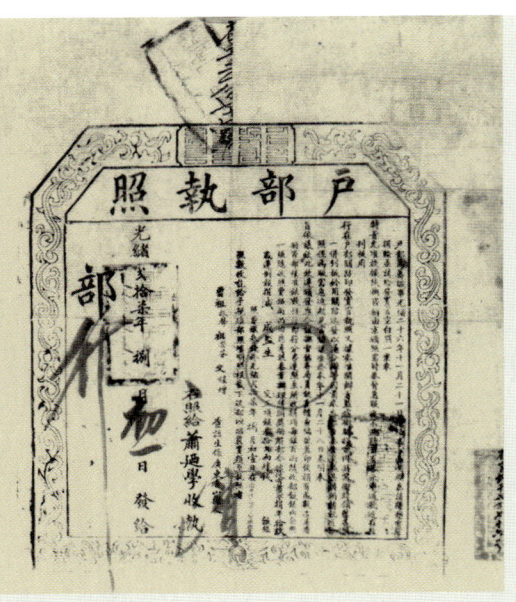

1901年，萧友梅的父亲以30多两银子为17岁的萧友梅捐纳"监生"身份，领得"户部执照"一张。执照上所写的萧迺学即萧友梅（左图为局部放大）。

萧友梅（左）与哥哥萧柏林（右）、弟弟萧卓颜（中）

萧友梅的兄嫂与侄女

萧友梅（右）与大兄萧柏林（中）、三弟萧卓颜（左）1901年合影于广州。萧友梅留学日本时一直得到其兄的经济资助。（《萧友梅自编影集》编号40）

1903年春，萧友梅在东京高等师范附属中学第三年级学习时，与同学方庆周（高师部）、严智崇（五年级）、李天锡（四年级）、钱稻孙（二年级）、钱穗孙及沈君（一年级）等合影。（《萧友梅自编影集》编号42）

1903年摄于日本东京（《萧友梅自编影集》编号5）

1904年冬，萧友梅在日本东京音乐学校学期考试后摄影。萧友梅为照片注："是次所考为Dussek的Sonatina。"（《萧友梅自编影集》编号6）

1906年夏，萧友梅在东京与廖仲恺一家合影。从左至右依次为巧钗、廖梦醒、廖冰筠、黄小唐、廖仲恺、何香凝、萧友梅、关乾甫、关汉光（《萧友梅自编影集》编号29）

经孙中山先生介绍，萧友梅于1906年加入中国同盟会。此后萧友梅住处常成为孙中山与胡汉民、廖仲恺等开展革命活动聚会的地方，萧友梅则常为他们的革命活动担当起望风和保护的任务。

大约在1906年底至1907年初，孙中山、廖仲恺等人在日本受到清政府密探跟踪监视。为避免遭遇不测，孙中山曾在萧友梅卧室躲避了一个多月。在这期间，孙中山的食物等生活必需品，全部由萧友梅负责提供，直到同盟会的同志将他们二人转移到别的安全处为止。

1909年7月，萧友梅结束在东京音乐学校选科的学习，获唱歌修了证书；同时从东京帝国大学文科大学教育系毕业。

廖仲恺（1877—1925），中国近代民主革命家、中国国民党左派领袖，孙中山的重要助手。

胡汉民（1879—1936），国民党元老和早期主要领导人之一。

萧友梅留日期间,于1907年2月起至翌年4月,在东京中国留学生编辑刊物《学报》上连载发表长文《音乐概说》(第一篇署名"乐天",以后均署名"友梅"。未刊完),含《总论》和《第一编》之两章。《总论》中对音乐理论所涉及的和声学、对位法、作曲学、音乐心理学、音乐史等十一个学科作了简明扼要的叙述。这样系统地介绍欧洲音乐理论,在20世纪初中国学人介绍西洋音乐知识的文章中还是第一次。(张静蔚发现并提供)

1907年夏,萧友梅在东京本乡区干马太木町59番乐庐后院与同寓者合影:萧友梅(中)、区金均(左)、刘叔和(右)。(《萧友梅自编影集》编号9)

1908年，萧友梅大哥萧柏林随唐绍仪为感谢美国退还庚子赔款访美，途经东京时与萧友梅会面并留影。（《萧友梅自编影集》编号38）

1908年摄于东京（《萧友梅自编影集》编号13）

1908年，萧友梅与寓于东京市外大久保村励志学舍的钱、廖、梁（宓）及乐庐四家合影。前排左起：1. 关汉光，2. 何佳，3. 关乾甫；后排左起：1. 廖仲恺抱着女儿廖梦醒，2. 何香凝，3. 何冰筠，4. 钱太太，5. 钱树芬及钱乃文，6. 萧友梅，7. 龙裔禧，8. 刘叔和，9. 区金钧（《萧友梅自编影集》编号10）

1909年7月，萧友梅结束在东京音乐学校选科的学习，获"唱歌"修了证书。（上海音乐学院图书馆藏）

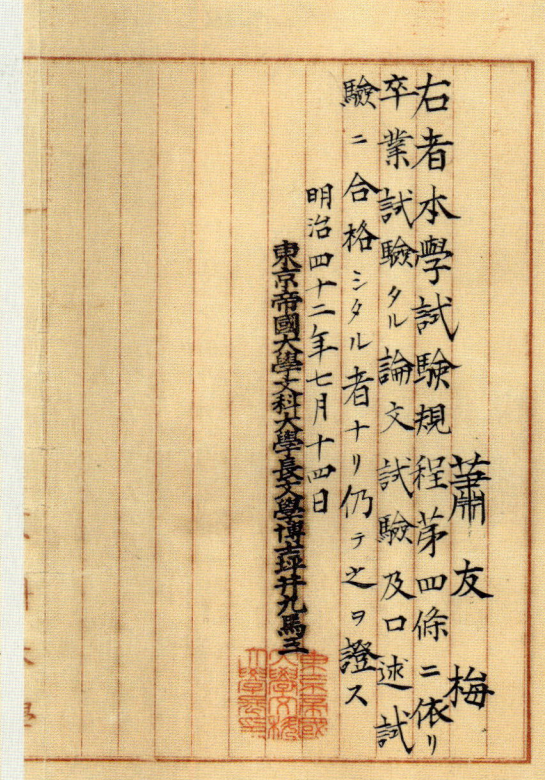

1909年7月由东京帝国大学文科大学颁发给萧友梅的选修生所修科目与学分的证明（右），以及毕业论文和口试合格的证明（左）。（上海音乐学院图书馆藏）

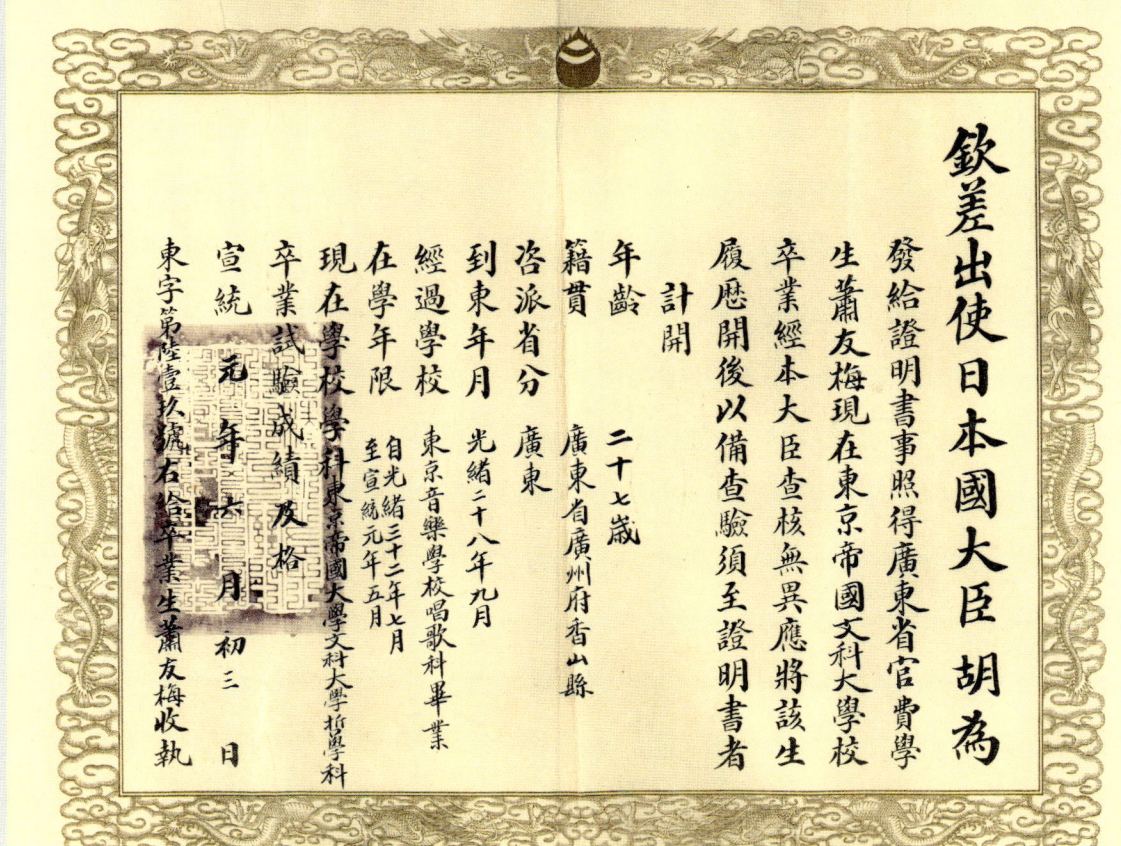

清朝钦差出使大臣胡为发给萧友梅的在日本留学学历证明书（上海音乐学院图书馆藏）

1909年夏,萧友梅毕业归国前摄于东京。(《萧友梅自编影集》编号8)

1909年夏,萧友梅毕业时与教育系教授及日本同学合影留念。(《萧友梅自编影集》编号39)

1909年萧友梅生日时摄于东京
(《萧友梅自编影集》编号7)

# 第二章　回国从政，追随孙文
## （1909—1912）

1909年，萧友梅结束了在日本的留学生涯，随即回国。当年10月12、14、16日，他参加了学部组织的本年度归国游学毕业生第一次考试，共考三场：第一场预行甄录，第二场中外文字，第三场按考生专业分门命题。萧友梅的考试平均成绩65分，属中等，在第二年的3月26日获得学部颁发的"文科举人"执照（证书）。5月23日，按《考验游学毕业生章程》规定，以"文科举人"身份参加在京城保和殿为归国留学生举行的第二次考试。考试合格，依《游学毕业生廷试录用章程》，被学部授"七品小京官"。而后，在这年9月学部举行当年的归国留学生考试时，萧友梅被尚书唐景崇委任为"襄校官"，担任游学毕业生考试中相关学科的拟题、阅卷工作。两个月后，按《视学官章程》被任命为视学官，受学部派遣与刘宝和、常顺等到直隶、山西、山东三省视察学务。

1910年正月，萧友梅因右足胫骨骨折在天津西门外大行育黎堂养伤时所摄。时其兄为该院院长。（《萧友梅自编影集》编号11）

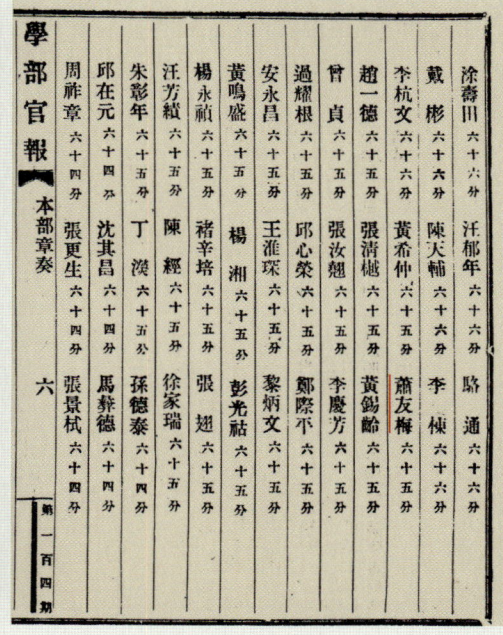

当时的《学部官报》登载了萧友梅等归国游学毕业生参加第一次考试的成绩

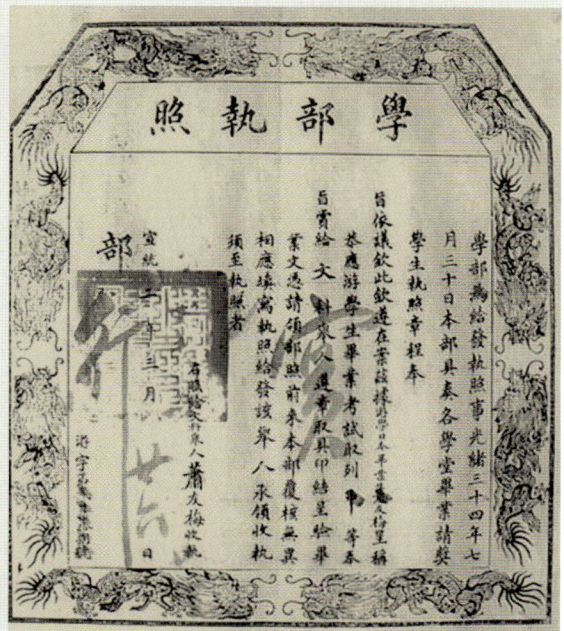

1910年3月26日，学部授予萧友梅"文科举人"执照。

萧友梅1910年担任清政府学部视学官时使用的名片（上海音乐学院图书馆藏）

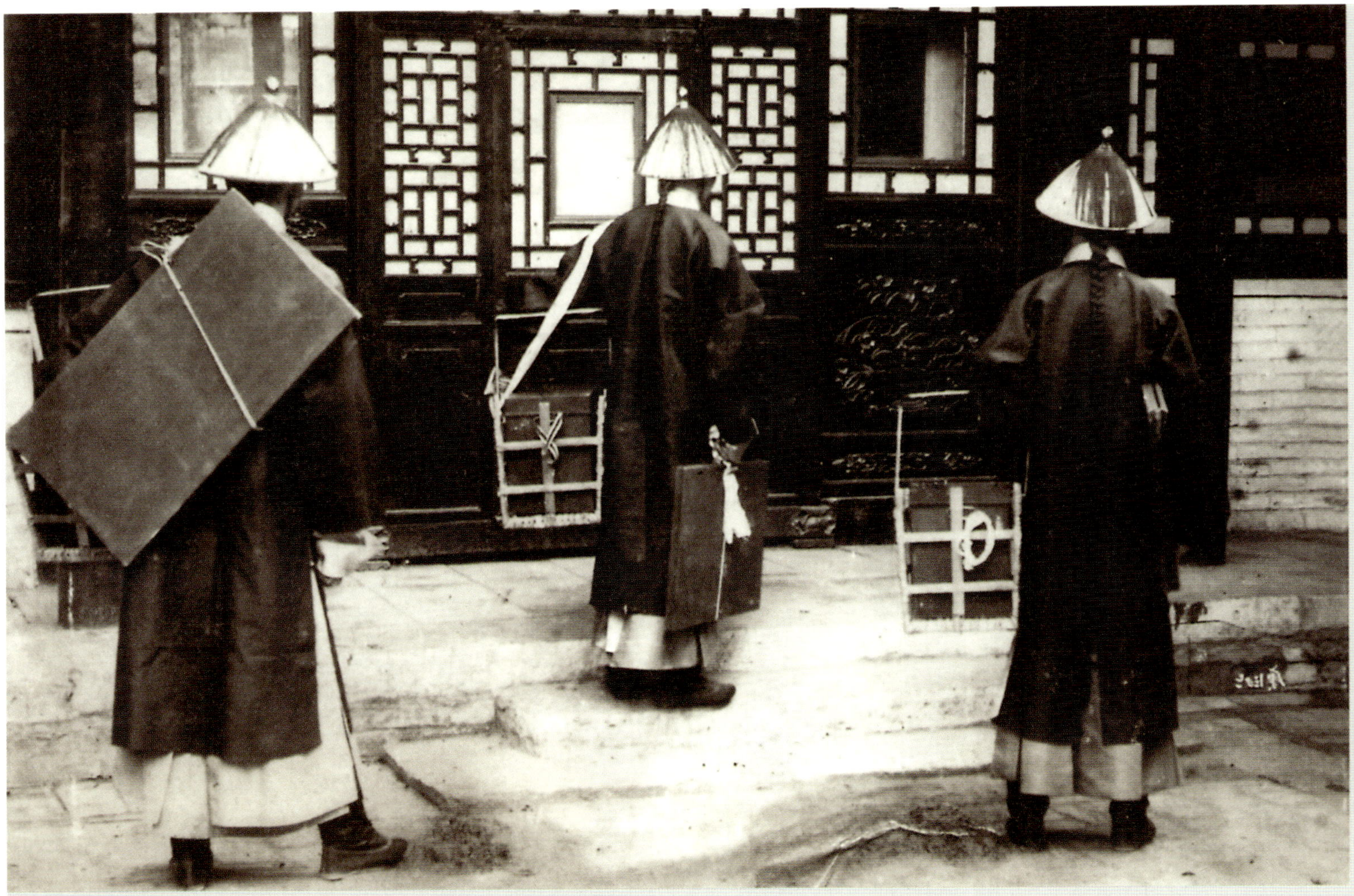

1910年5月23日，萧友梅以“文科举人”身份参加在京城保和殿为归国留学生举行的第二次考试。照片为萧友梅（左）、唐有恒（中）、张汝翘（右）参加殿试后所摄。因保和殿不备桌椅，故考生须自携桌椅。（《萧友梅自编影集》编号37）

學部官報 本部章奏 六

私已經成立之公司遇有需用此項人員開列人數電知□部即由□部
請
旨發往該省委用並聲明不扣資俸等語業經奏
旨允准通行欽遵辦理在案茲據江蘇巡撫咨稱工科舉人戴分郵傳部七品
小京官彭懋蕃經該省派充兩級師範學堂教務長深資得力請咨照辦
理等因前來查該員既經該省派充兩級師範學堂教務長所請仍留該
省辦學並照章免扣資俸之處與例尚屬相符應准免扣資俸如蒙
俞允即由□部咨行該省欽遵辦理謹附片具陳伏乞
聖鑒謹
奏宣統二年九月二十九日奉
旨依議欽此
○○奏派員視學直隸等省摺
奏爲遵章派員前往直隸等省視學恭摺仰祈
聖鑒事竊查□部奏定分年籌備事宜單內開派視學官分查各省學務註明
某年查某省隨時具奏等語並於上年十月擬定視學官章程奏奉
允准通行在案現當籌備憲政之際教育亟謀普及自應派員分往調查以開
整頓而利推行查江蘇安徽江西湖南湖北等省業經上次奏派□部右
參議戴展誠等調查完竣此次擬派□部總務司員外郎劉寶和小京官
蕭友梅師範畢業生常順等前往直隸山西兩省視察並彙查山東省學
務候補員外郎徐煥候補主事蔡鴻儀學習主事林錫光等前往廣東廣
西兩省視察並彙查福建省學務每查一省即將該省學務情形呈報□
部以憑考核該員等所需旅居夫馬之費均由□部照章發給不許受地
方官供張以杜迎提如蒙
俞允即由□部等務知該員等遵照辦理所有派員視學緣由謹恭摺具陳伏乞
皇上聖鑒謹
奏宣統二年九月二十九日奉
旨知道了欽此

學部官報 本部章奏 七

第一百四十期

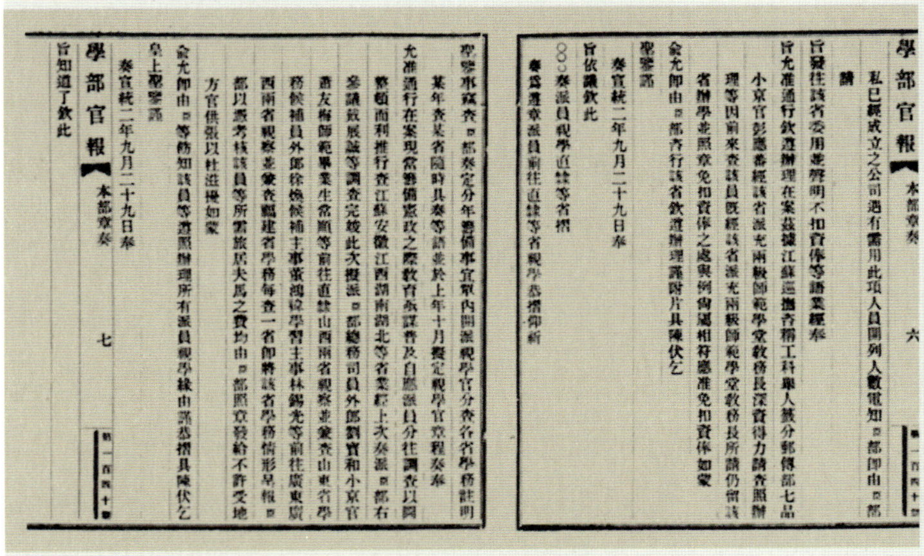

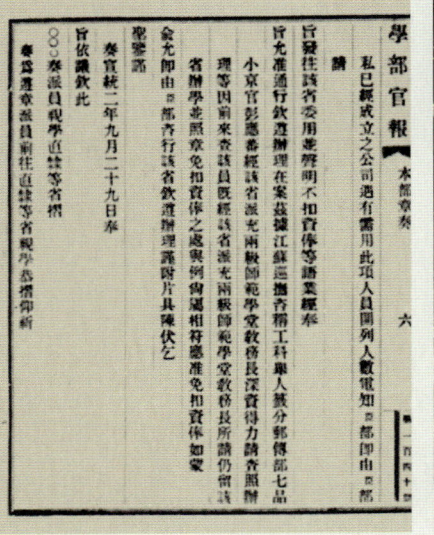

《学部官报》刊登派萧友梅与刘宝和、常顺等赴直隶、山西、山东视学的奏章（《学部官报》总第140期、《申报》1910年11月6日）

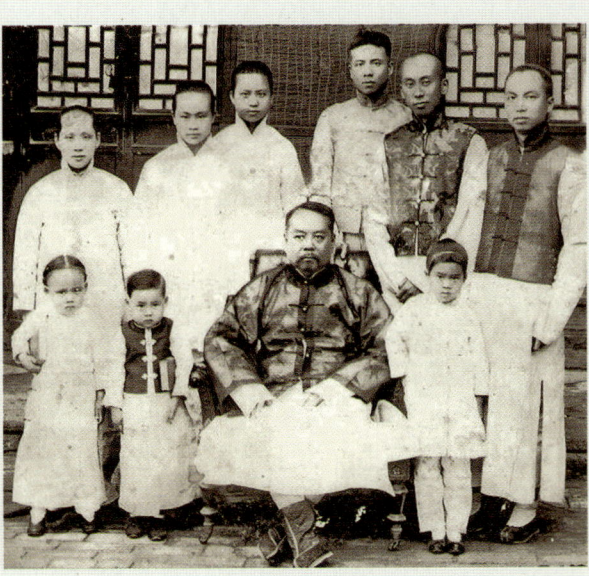

萧友梅与父亲、兄弟等亲属，摄于1910年。前排居中坐者为萧父萧煜增，后排右起萧柏林、萧友梅、萧卓颜。（萧友梅侄女萧淑庄之子曾明提供）

1911年10月10日，孙中山领导的辛亥革命，推翻了清朝政府。1912年1月1日，孙中山在南京成立了中华民国临时政府，并任临时大总统。萧友梅被孙中山委任为临时政府总统府秘书处总务科秘书员。秘书员中有来自广东的词人易韦斋（廷熹），他后来与萧友梅合作出版了歌曲集《今乐初集》和《新歌初集》，并被萧友梅聘为国立音乐院国文和诗词教授。

　　1912年3月9日，孙中山为萧友梅任总统府秘书员颁发正式委任状。3月10日，北洋军阀袁世凯胁迫孙中山让位，窃取了中华民国临时大总统职位。萧友梅因为孙中山临时政府的解散而被迫去职。

　　解散时，孙中山先生曾问起总统府这些青年工作人员今后的打算，萧友梅表示愿意到德国继续研修音乐与教育，先生当即批示教育部相助，但因教育部当时缺乏经费，无法即刻成行。关于这段经历，萧友梅曾在《自编影集说明》中写道："是年三月，总统府将解散时，中山先生问余等曾在临时政府服务之人有何愿望，时有一部分同志愿意继续留学，以竟学业，余亦其中之一人，并请求派赴德国研究音乐及教育。总统批准后交教育部办理，但当时教育部无款，嘱余等暂候。"

　　廖仲恺、胡汉民在与总统府同人分手前，分别为萧友梅题词。廖仲恺的题词为："卅载蹉跎误，天涯惜此时。气寒冰上鬓，腊冬鼓催诗。历历过来事，悠悠乡国思，穷边春不到，慢说物华移。兀生了无趣，万斋守岁阑。枕孤鸳梦冷，云远雁行平。松柏励初志，风霜改素颜。遥知南岭表，先知早春还。录吉林岁暮杂感旧作呈友梅兄鉴。"胡汉民的题词为："不到短长亭，未是愁时候，天遣流莺，抵死催归，思浓如酒。友梅我兄正之。"

　　由于新的临时政府将在北京成立，南京教育部被暂时解散，以待交替。作为教育总长的蔡元培在结束教育部工作时，对孙中山嘱咐派遣留学生一事也作了安排。据《民立报》1912年3月29日对此事的报道："至于孙中山所开总统府秘书及革命有功之青年六十余人令教育部派送各国留学之事，留待北京教育部至本年10月间办理。"

1912年3月25日，萧友梅与孙中山以及总统府的同事们在南京临时大总统府秘书处前摄影。第1排左起：1.萧友梅，2.唐绍仪，3.孙中山，4.胡汉民，5.冯自由；第2排左起：3.易韦斋，10.谭熙鸿；第5排左起：6.杨铨；第6排左起：8.任鸿隽（《萧友梅自编影集》编号1）

4月1日，孙中山正式向参议院辞职并举行辞职典礼。这年8月25日，孙中山、宋教仁等以同盟会为基础，合并其他四个小党派成立国民党，到了1919年才正式称为中国国民党。

萧友梅离开南京后，先到杭州游览西湖，然后回广州，暂在广东省教育司担任学校科科长。当时，胡汉民在广东任都督，钟荣光任教育司长。在此期间，广东学校很有些新气象，如提倡男女同学、注重体育、开展军国民教育等，这些都是与萧友梅的工作分不开的。

到了1912年10月，萧友梅接北京教育部电，得悉已筹得款项，即可出国留学，随即离粤赴上海。这年7月蔡元培已经辞去教育总长之职，9月再度赴德国游学，先到莱比锡大学听课，次年4月赴柏林。

在上海，萧友梅参加了环球中国学生会举行的本年出洋留学生欢送会。这次教育部派遣留学者有：杨铨、任鸿隽、宋子文、黄芸生（以上留美）、张竞生、谭熙鸿（以上留法）、萧友梅（留德）、邵逸周（留英）、何建南（留日）等25人；财政部拨付22 000元，作为行资及置装费。

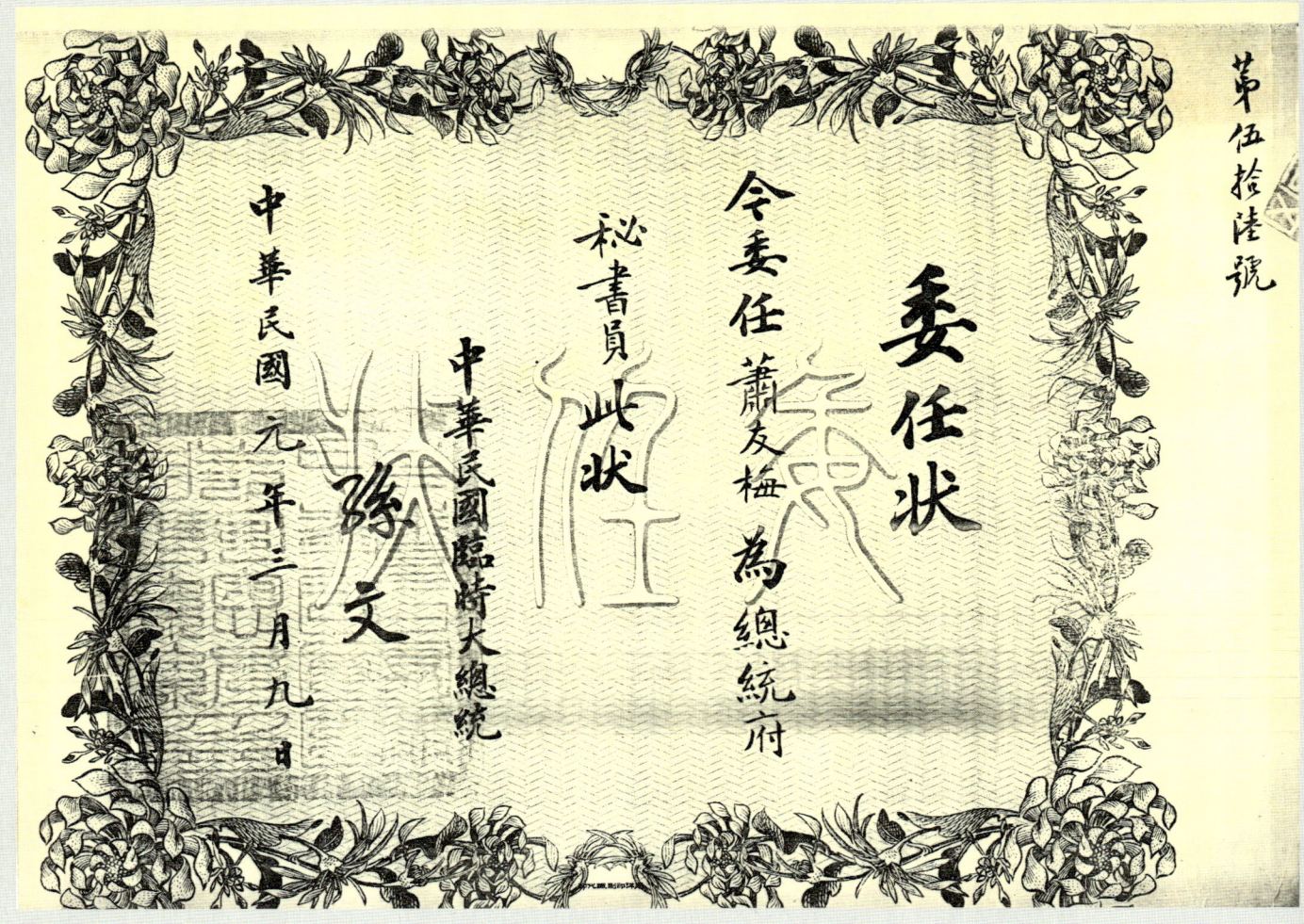

孙中山颁发给萧友梅的总统府秘书员委任状（复印件）

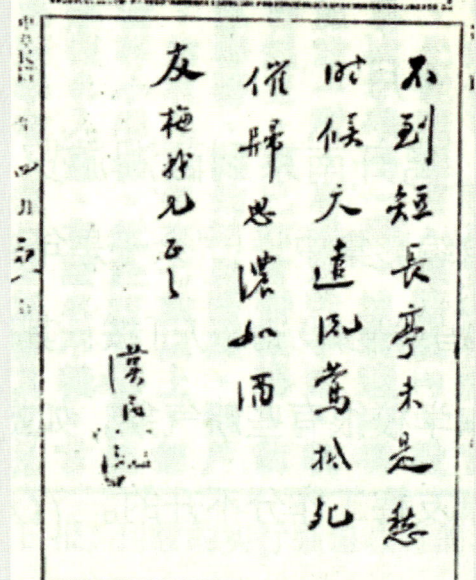
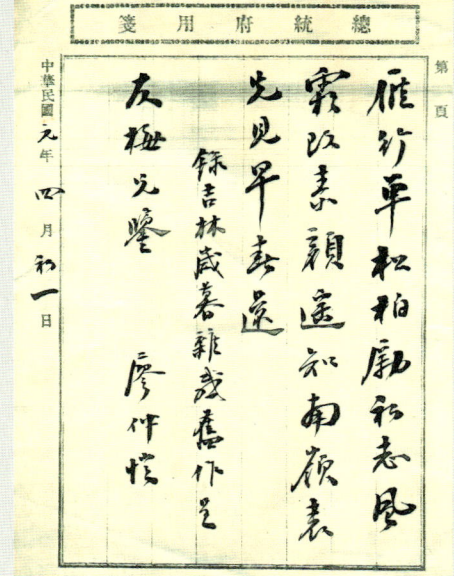
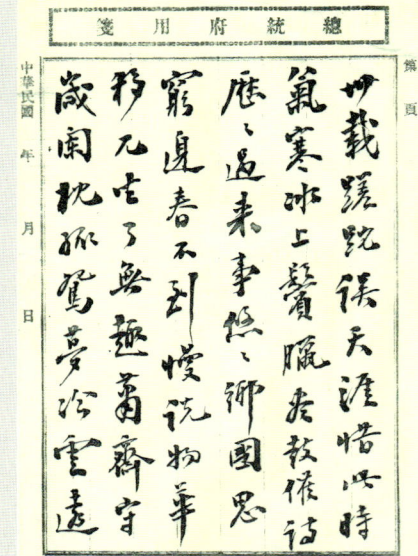

廖仲恺、胡汉民为萧友梅临别题词（复印件）

这是满清王朝结束以后,中华民国政府选派的第一批公费留学生出国深造。萧友梅之所以能被选上,除了是孙中山在临时政府解散前有意帮助这些青年工作人员的因素外,萧友梅本人对革命作出的贡献以及在日本留学期间保护过孙中山也是得到选拔的重要原因。

10月29日,萧友梅从天津启程,经由俄国赴德留学。此行是他走向人生既定目标的关键一步,从此,萧友梅与音乐和教育再未分离,经过在德国数年极其刻苦的学习和钻研,最终以优异成绩获得博士学位毕业,回国报效祖国。

1912年10月17日,萧友梅出席环球中国学生会在上海举行的出洋留学生欢送会。据《教育杂志》第4卷1912年第8期报道:这次临时稽勋局选择了杨铨、任鸿隽、宋子文、黄芸生(以上留美)、张竞生、谭熙鸿(以上留法)、萧友梅(留德)、邵逸周(留英)、何建南(留日)等25人,呈送教育部派遣留学,并由财政部拨款22 000元作为行资及置装费,即由上海首途。
图为留学同行者出发前在上海合影,前排左起:2.谭熙鸿,5.刘鞠可,7.张竞生;后排左起:1.杨铨,4.任鸿隽,6.萧友梅,7.宋子文。(《萧友梅自编影集》编号3)

1912年4月1日孙中山解职前,萧友梅(前排右二)在南京总统府花园与胡汉民等同人合影。(《萧友梅自编影集》编号4)

# 第三章　留学德国，研究音乐
## （1912—1919）

萧友梅的出国，对于他的家庭来说是有一定困难的。萧家景况一向不大好，萧友梅的生母梁太夫人不幸早逝，萧老先生续娶的继室胡氏先后生有二子十女。这么一个大家庭的开支，一直由萧家长子萧柏林负担，萧友梅留学日本的学习费用也是由他大哥承担的，所以萧友梅在日本时，还得靠勤工俭学来补贴自己的日常开销。从日本毕业回国后，萧友梅有了一份不错的工作和收入，能够为家中分担部分经济困难。现在他又要出国，家里将再次面临生活上的拮据。因此萧友梅与家里商定，去德国后从每月领到的官费中拿出一部分寄回国内补贴家用。萧友梅后来在主持国立音乐专科学校时精打细算、勤俭办学的作风，正是他年轻时长期在经济紧迫的处境中养成的。

1912年11月10日，萧友梅抵达德国首都柏林，先学习德语。次年1月听从时在莱比锡大学学习的前教育总长蔡元培的劝告，转学至莱比锡。3月27日进入莱比锡皇家音乐学院（Königliches Konservatorium der Musik zu Leipzig）学习，主修钢琴及作曲理论。

莱比锡皇家音乐学院是德国历史最悠久的音乐学院，创立于1843年，现名莱比锡门德尔松音乐戏剧学院。图为现貌。

萧友梅（左）与刘鞠可（右）等1912年12月摄于柏林（《萧友梅自编影集》编号12）

萧友梅在莱比锡大学哲学院缴费单据的一部分，前一个注册日期为1913年4月17日，注册号638；后一个注册日期为1915年5月15日，注册号674。（孙海提供）

莱比锡皇家音乐学院是一所闻名于欧洲的历史悠久的高等音乐学院，1843年由作曲家门德尔松创建。萧友梅进该校读的是钢琴专业的初级班，这是因为他在东京时学过钢琴，已经具有一定的基础。他的钢琴导师是罗伯特·泰希米勒（Robert Teichmüller，1863—1939）教授。泰希米勒是德国当时最知名的钢琴教育家之一，学生中不乏著名钢琴家。萧友梅能够在这样具有威望的钢琴教育大师指导下学琴，真是十分荣幸，萧友梅自己也极其刻苦。

萧友梅与泰希米勒教授的师生关系很好，他留下的照片中就有与导师在德国东海格拉尔避暑时的合影。后来萧友梅在上海当国立音专校长时，曾在1930年将新出版的《乐艺》季刊寄给泰希米勒教授，顺便向他约稿。泰希米勒不久就热情回信，寄来了他的照片，以及他请当时德国著名音乐评论家阿尔弗雷德·巴雷泽尔（Alfred Baresel）所写的题为《音乐的青年教育》的文章，该文介绍了泰希米勒的教育思想和因材施教的教学方法（见《乐艺》第1卷第5号，1931年4月1日）。这些先进的理念，对20世纪初尚处于初级阶段的中国钢琴教育来说，具有实际的意义。

1913年6月，萧友梅于莱比锡大学及音乐院肄业一学期时摄。（《萧友梅自编影集》编号15）

萧友梅的钢琴导师——莱比锡皇家音乐学院钢琴教授罗伯特·泰希米勒

1914年柏林中国留学生新年会合影。前排左起：1.廖尚果，3.闫鸿飞，4.萧友梅，5.吴济时，6.胡庶华（《萧友梅自编影集》编号16）

萧友梅的理论课程选择的是复调,指导教师为保罗·夸斯多夫(Paul Quasdorf)教授。配器法和作曲的指导教师为霍夫曼(R. Hofmann)教授。

除了在莱比锡音乐学院学习音乐外,从1913年4月夏季学期开始,萧友梅又进入莱比锡大学哲学院攻读教育学,这是因为他已经获得了日本东京帝国大学教育学专业的毕业文凭,由此也可见他的人生目标是早就确定了的,即从事音乐教育。萧友梅第一年修习的教育学课程有:民族心理学、教育史导论、近代宗教问题、伦理学基础、实验教育学导论、康德以后之德国音乐美学、普通心理学、儿童心理学、教育统计学等。这一年萧友梅的学习异常艰难、刻苦。他德语仅学过三个月,便选择同时学习音乐和教育学。除了奔波于两所大学之间学习多门理论课程、阅读多种德文教科书和参考书籍,还必须要投入相当多的时间和精力去练习钢琴才能完成规定作业,所以他毕业时由于上配器和作曲这两门课的时间很少而没有分数是可以理解的,实在是分身无术所致。

据萧友梅在《音乐家的新生活》一书中自述:"来到德国莱府音乐院,我也一定早点赶到学校,比别的学生先到课堂,好给教员充分的时间替我改课卷。"因为在那时候的德国高等学校里,学生在上课开始后的一刻钟之内进教室不算迟到。因此萧友梅经常是第一个到教室,利用上课刚开始的一刻钟大多数学生还未到教室的机会,请教授批改作业或讲解问题。

刚到德国时,对于学音乐的萧友梅而言,第一件令他惊讶的事不是别的,而是音乐会数量之多。德国每年的10月到第二年的4月是音乐季,交响乐、歌剧、声乐、器乐等各种音乐会应有尽有,莱比锡每天都有好几场音乐会,柏林更多,这让从中国来的萧友梅非常兴奋。据萧友梅自己说,有一年他在柏林听了两百多场音乐会。当然,正厅的票他是不敢问津的,只能买最便宜的票甚至站票。他在莱比锡时经常听著名指挥家阿图尔·尼基什(Artuhr Nikisch,1885—1922,匈牙利)指挥莱比锡布业会堂管弦乐团的音乐会,从而引起了对指挥的莫大兴趣,后来还去施特恩音乐学院专门学习指挥。

萧友梅30岁生日摄(《萧友梅自编影集》编号18)

1914年夏摄于寓居的莱比锡城哈同公寓(《萧友梅自编影集》编号17a)

1914年7月,萧友梅与宋君合影于莱比锡城一公园。(《萧友梅自编影集》编号19)

1914年夏摄于寓居的莱比锡城哈同公寓(《萧友梅自编影集》编号17c)

萧友梅与廖尚果（青主，1893—1959）相识是在1912年。廖是受广东革命政府派遣于这一年入柏林大学法学系留学的，同时兼学钢琴和作曲理论。两位学西方音乐的中国人在德国相遇，成为好友。他俩的这份友情一直保持到回国后。

那时候（第一次世界大战前）的德国，有一种价格较便宜的旅馆式公寓，不仅为租客提供单间，还有餐厅供大家用餐，外国留学生们大都找这种公寓居住。在莱比锡音乐学院附近就有一座这样的公寓叫哈同公寓（Pension Hartung）。萧友梅曾记道："此公寓离音乐院仅数分钟，所寓多音乐学生，有钢琴十四架之多，其热闹可以想见。余在此寓约一年有半。"

萧友梅在莱比锡大学的学业进行了两年之后，到了1915年5月，鉴于报给教育部的预定毕业期限为至1916年9月止。为了能按时毕业，他决定更改专业，将乐学（Musikwissenschaft，即音乐学）及音乐史作为主科，而以教育史及人类学作为口述试验副科进行注册，注册号也改为674号。

在莱比锡皇家音乐学院经过了五个学期的学习后，1915年7月，萧友梅毕业了。毕业成绩为：主科钢琴的用功程度：很好（1分）；才华程度：好（2分）；学习成绩：好（2分）。复调的各项成绩与钢琴同。配器法和作曲因学习时间很短，无分数。品行评点：很好（1分）。萧友梅在呈教育部的学业成绩报告中写道："民国四年七月，先在音乐学校毕业。考试成绩二等甲（该校考试评点分四等），勤课评点一等，品行评点一等。"（注：萧友梅在作为博士论文附件的亲笔德文简历中写道——"……友梅就学于莱比锡皇家音乐学院，终以二等乙之成绩毕业。"这与皇家音乐学院毕业文凭上所写"IIb"是一致的。）

莱比锡皇家音乐学院于1915年7月30日颁发给萧友梅的毕业文凭（上海音乐学院图书馆藏）

随即，萧友梅开始为撰写莱比锡大学的毕业论文作准备，论文的题目定为《中国乐队史至清初止》(见《教育公报》第4年第4期：《本部留德学生萧友梅学业成绩报告及请予研究期限一年理由书》)。当时德国的汉学研究在欧洲首屈一指，一些主要图书馆收藏的中国图书较为丰富，大量中国古籍为萧友梅撰写博士论文提供了良好的文献基础；而且图书馆工作人员对经常去的读者会热心提供服务，甚至帮你从其他图书馆借书，这使萧友梅方便不少。从他的笔记中可以窥见到他阅览过的大量书籍，主要有：朱载堉的《律吕精义》《乐律全书》、陈旸《乐书》、蔡元定《律吕新书》、黄佐《乐典》、韩邦奇《苑洛志乐》，还有《乐律总部汇考》《清宫典图》，以及晋、唐、宋、辽、金、元、明、清各朝代的乐志，等等。笔记中还抄录了各朝代各类乐器大小结构尺寸、性能、音域，各朝代宫廷用的乐队编制、演奏者人数、主要乐人（歌者舞者）名称职务、主要乐曲名目，以及有关音乐理论、乐律论述，等等。他的论文所列参考书目有四十三种之多，要读懂这些古籍并不容易，由此也可见萧友梅具有相当深厚的旧学功底。

**萧友梅在莱比锡大学的部分导师**

音乐学家胡戈·里曼教授

心理学家、哲学家威廉·文特教授

教育学家、哲学家爱德华·施普兰格尔教授

音乐学家阿诺尔德·舍林教授

据萧友梅向教育部汇报的留德学业报告，他在莱比锡大学修习的课程有：伦理学、教育学、美学、心理学、比较人类学（注："比较人类文化学"）、德国音乐史、德国歌剧史、德国音乐美学、德国作曲家、乐曲体裁原论（注：即"音乐风格学基础"）、和声学及实习、对位法实习、对位法史、乐器学、16世纪名曲解释、有量音乐乐谱翻译等四十余门课程；所涉及的任课教师有十七人，他们均为博士，其中不乏德国学界的大师级人物。如：

胡戈·里曼（Hugo Riemann，1849—1919），享誉世界的音乐学者。他编著的《里曼音乐辞典》《和声学手册》和《对位法教科书》是音乐学的重要文献。萧友梅共听过他的"歌曲创作中的节奏和韵律""音乐学讨论课"（四个学期）、"音乐史导论""音乐美学导论"等四门课程。他也是萧友梅的博士论文答辩主席。

爱德华·施普兰格尔（Eduard Spranger，1882—1963），德国教育学家、哲学家与心理学家，文化教育以及精神科学教育的专家，哲学领域狄尔泰（Wilhelm Dilthey，1833—1911）学派的重要代表人物。他建立了教育学在学术界的地位，使教育学在大学中成为一门独立的专门学科；曾提出著名的"文化教育学"（文化主义的教育思想），其"教育爱"的观点也颇受重视。主要著作有《青年心理学》《人生的形式》《教育史》《现代人的焦虑和希望》等。萧友梅听过他的四门课程："从卢梭到当代的教育学理论及教育学""与精神文化相关联的德国学校法颁布及法规历史""当代德国教育""哲学—教育学讨论课"。

莱比锡大学在1916年6月5日出具的学习和操行证书，内容为：出生于中国广东的萧友梅先生，自1913年4月17日至1915年4月15日、继而自1915年5月15日以来，在本校作为哲学院学生注册，其间未发现其有不良品行。该生在本校修习了如附件所列之课程，并愿意在本校继续注册。证书附件列出了萧友梅在各学期所修课程名称及授课教师姓名。（上海音乐学院图书馆藏）

威廉·文特（Wilhelm Wundt, 1832—1920），德国心理学家、哲学家，学界公认的现代心理学的创始人，第一个心理学实验室的创立者。他学识渊博，著作《对感官知觉理论的贡献》《生理心理学原理》、十卷本《民族心理学》等是近代心理学发展史上的重要文献。蔡元培在德国曾听过他的课。萧友梅听过他的"民族心理学"。

阿诺尔德·舍林（Arnold Schering, 1877—1941），德国著名音乐学家，曾任《新音乐杂志》和《巴赫年鉴》编委、亨德尔学会主席和德国音乐协会主席，是研究贝多芬的权威。萧友梅听过舍林的"自康德以来的德国音乐美学""音乐风格学基础""音乐学练习课""有量记谱法及翻译练习""17—18世纪德国音乐史""16世纪音乐名作的解释和改编练习"等六门课。

萧友梅从1913年夏季学期至1916年夏季学期，在莱比锡大学哲学院学习了教育学、人类学和音乐学学科的四十余门课程，聆听了多位德国著名教授的讲课，这些经历，对萧友梅日后音乐史学观和音乐教育观的形成具有直接影响。

1916年6月27日，萧友梅向莱比锡大学哲学系正式提交他用德文撰写的博士论文，题名为 Eine geschichtliche Untersuchung über das chinesische Orchester bis zum 17. Jahrhundert（《至17世纪的中国乐队史研究》）。[注：该论文题名，萧友梅在1917年呈报教育部的学业成绩报告中写为《中国乐队史至清初》和《中国乐队史》。]

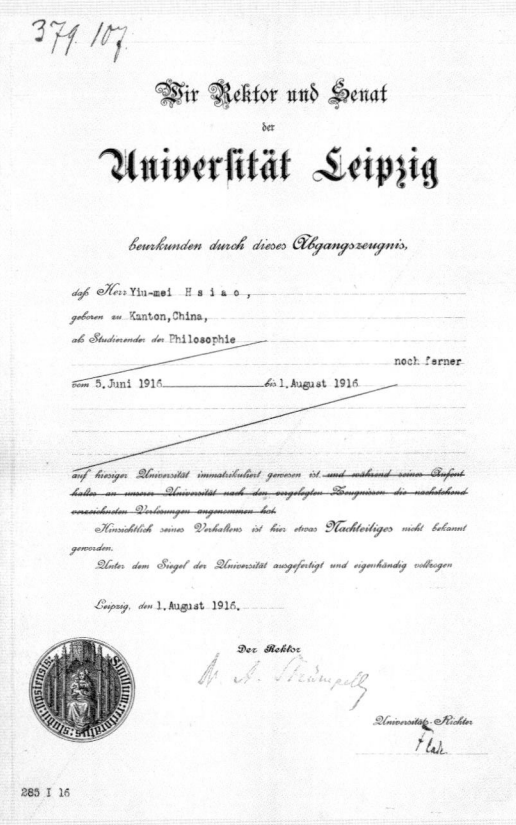

莱比锡大学于1916年8月1日出具的关于萧友梅从1916年6月5日至1916年8月1日在莱比锡大学哲学院学习期间品行没有问题的证明（上海音乐学院图书馆藏）

莱比锡大学法院于1918年9月2日出具的关于萧友梅从1913年4月17日至1916年8月1日在该地大学学习期间操行无不良记录的证明（上海音乐学院图书馆藏）

论文除"引言"和"结束语"外,分两大部分:第一部分为"中国乐队概述",内容包括中国古代音乐行政体制、音乐教育体制、方法以及用于祭祀、宴会等各种仪式的66种乐队编制等;第二部分为"乐队乐器概貌",用现代乐器分类法的框架对用于乐队的130种古代中国乐器的构造、形制、演奏场合等等作了详细的说明,并附有图片。论文在"引言"中指出:"在中国,音乐没有得到像欧洲音乐一样多样化和更进一步的发展。然而中国人民是非常富于音乐性的,中国乐器如果依照欧洲技术加以完善,也是具备继续发展的可能性的,因此我希望将来有一天会给中国引进统一的记谱法与和声,那在旋律上那么丰富的中国音乐将会迎来一个发展的新时代,在保留中国情思的前提下获得古乐的新生,这种音乐在中国人民中间已经成为一笔财产而且要永远成为一笔财产。"论文在"结束语"中,对中西音乐的发展进程作了对比,并在最后写道:"这样我们始终可以寄希望于未来。特别是那些各种各色的古老的乐器,只要我们科学地而又机械化地对它们加以改造,那还是大有可为的。……因此我个人的愿望是,除了推广一般的科学与技术之外,还应该更多地注意音乐的特别是系统的理论和作曲学在中国的人才的培养。"论文中这些对中国音乐未来的殷切希望,从此成为萧友梅毕生为之奋斗直至最后一息的誓言。

1916年7月,在胡戈·里曼主持下,萧友梅以2分(很好)的成绩通过论文答辩(德国考试成绩采用5分制,1分为最高,5分为最低),此前萧友梅的论文已以3分(好)的成绩获得通过。

1916年6月萧友梅向莱比锡大学提交博士论文时所附的由他亲笔书写的简历(孙海提供)

萧友梅的博士论文《至17世纪的中国乐队史研究》的目录、引言和正文的首页。这是中国近代音乐史上中国留学生的第一篇博士论文,也是中国古代音乐史学领域中最早一篇有关乐队、乐器及其演奏的研究文献。(复印件,上海音乐学院图书馆藏)

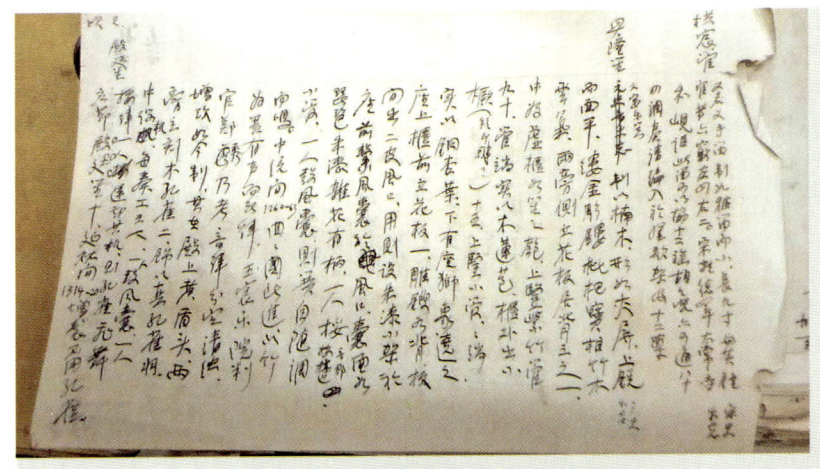

萧友梅在准备博士论文过程中使用过的笔记本（上海音乐学院图书馆藏）

由于当时中国留德的学生得过此种评语者极少，因此不久便有莱比锡著名的《新音乐杂志》（Neue Zeischrift für Musik，1916年8月3日）和斯图加特发行的《新音乐报》（Neue Musik-Zeitung，1916年9月7日）报道了来自中国广东的萧友梅通过哲学博士口试答辩的消息。另据萧友梅所述，有画报编辑函索相片，还有德国人和荷兰人来函订购论文，甚至有军官从战地发函要求获赠论文，"以此项论题，向未经人研究故也"。在纷至沓来的荣誉面前，萧友梅保持着清醒的头脑，在翌年初给教育部的报告中他写道："区区一博士学位，不过证明其人有独立研究科学之眼光与能力，决非证明其人之学业已成熟也。至于优等文凭及各种褒状，不过用以愧励不热心向学之徒。在认真求学者，只知向前研究，从未计及此等奖励也。"

［注：1988年9月，廖辅叔教授应上海音乐学院名誉院长贺绿汀之请，将萧友梅的博士论文全文译出。廖先生在《译后记》中对萧友梅的这篇论文予以高度评价："这是中国留学生第一次以音乐学为主题的博士论文获得了博士学位。当时第一次世界大战正在激烈进行，先生处在参考资料异常缺乏、中国音乐史学的研究还几乎是一片空白的条件之下，写出这样结构严谨的具有系统性、科学性的论文，即使是难免于疏漏吧，也应该承认这是一种开拓性的工作。假如我们今天能够做出高出前人的成绩，那也是站在前人肩膀上的结果。"］

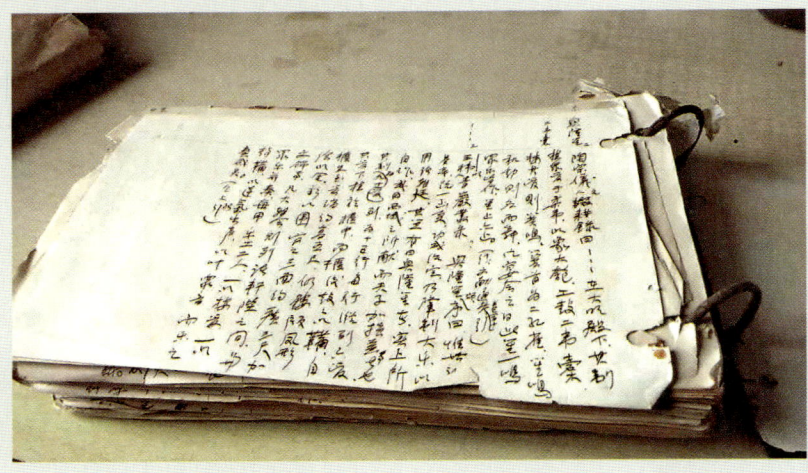

萧友梅博士论文的廖辅叔译稿和译后记手稿（部分）（上海音乐学院图书馆藏）

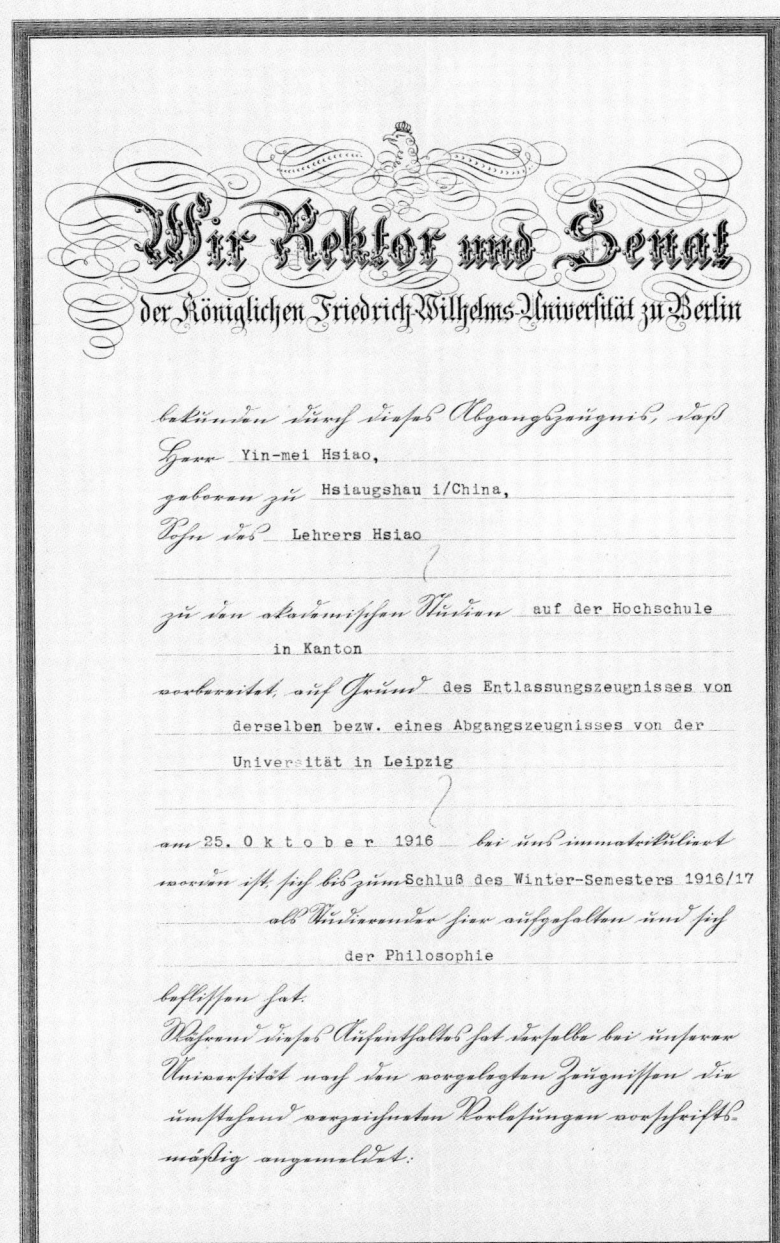

这份由德国柏林大学校长和评议会出具的证书，证明萧友梅已经在莱比锡获得大学毕业证书，并于1916年10月25日结束了在柏林大学哲学院的1916/1917年冬季学期学习。（上海音乐学院图书馆藏）[注：德国柏林大学由当时的普鲁士教育大臣、德国著名学者威廉·冯·洪堡于1810年10月创办，初名腓特烈·威廉大学（der Königlichen Friedrich-Wilhelms-Universität zu Berlin），是在普鲁士国王腓特烈·威廉三世支持下设立，二战结束前称柏林大学，1949年改名为现今的柏林洪堡大学（Humboldt-Universität zu Berlin）。这是一所公立大学，与中国历史渊源深厚，周恩来、宗白华、陈康、王淦昌、陈寅恪、傅斯年、青主等人都曾在该校就读。]

施特恩音乐学院于1917年3月29日出具的萧友梅学习证明（上海音乐学院图书馆藏）

莱比锡大学哲学院于1917年3月8日为萧友梅出具的证书，内容为：根据出生于中国广东的萧友梅候选人的申请，其博士论文《至17世纪的中国乐队史研究》被莱比锡大学哲学院评为3分；1916年7月26日由里曼、沃尔和康拉迪教授就同一论文对作者进行口试后给予2分通过。该候选人只要按要求将博士论文印刷上交后即可获得博士学位。（上海音乐学院图书馆藏）

1919年10月22日，莱比锡大学向萧友梅签发博士证书。上写：莱比锡大学哲学院，根据广东省香山萧友梅（雪朋）先生被评为"好"的博士论文《至17世纪的中国乐队史研究》以及被评为"很好"的口试答辩成绩，以此证书授予其哲学博士学位。

1916年12月摄于柏林（《萧友梅自编影集》编号21a）

1916年8月，萧友梅去德国北面波罗的海边的格拉尔-米里茨（Graal-Müritz）避暑，图为他与钢琴教授泰希米勒在一起。（《萧友梅自编影集》编号20a）

1916年8月，萧友梅在格拉尔-米里茨与友人利策小姐（Fräulein Lietze）合影。（《萧友梅自编影集》编号20b）

1916年8月，萧友梅与钢琴教授泰希米勒、友人利策小姐合影。（《萧友梅自编影集》编号20c）

1916年10月,萧友梅进入柏林大学,在哲学院继续深造,研究器乐史;11月进施特恩音乐院(Stern'sches Konservatorium der Musik)正式学习指挥及作曲,以补习在莱比锡音乐院未及修了的课程。这时候的萧友梅,已经深知指挥和作曲在音乐领域中的重要性,而在当时的中国还没有一位接受过欧美专门培养的正式的作曲家和指挥家。正如他后来所写的:"做一个有资格的乐队指挥(Dirigent)或乐正(Kapellmeister)[注:今译乐队队长;管弦乐队指挥],不独要有锐敏的节奏感觉、一目数十行的读谱能力,并且要通晓各种乐器之组织、各种乐器的用法和配合法,随时能够编制或改编合奏曲谱,还要对各派作家作风分辨清楚,这样到指挥时方可把乐曲的精神表现出来……这样看来,可知做乐正真不容易,因为他不单是一个音乐团体的领袖,同时要能够做各乐师的导师。"(赵梅伯《合唱指挥法》序)在柏林,萧友梅在半年内就聆听了206次音乐会和歌剧。正是由于他有这样的志趣并能自觉抓住机会刻苦钻研,才使他日后能够在北京施展才能,组建西洋管弦乐队并亲任指挥。经过正规的作曲修习,萧友梅也成为中国专业音乐创作的第一人。

钢琴独奏《夜曲》(Op. 19),作于1916年11月。这是中国作曲家在近代创作的第二首钢琴独奏曲。(上海音乐学院图书馆藏)

萧友梅使用过的德国制造的节拍器(上海音乐学院图书馆藏)

在这一时期，萧友梅完成的音乐作品有：

钢琴独奏《夜曲》（Nocturne），Op. 19，作于1916年11月［按：此为中国作曲家创作的第二部钢琴独奏曲］。

弦乐四重奏《小夜曲》（Serenade），Op. 20，作于1916年圣诞节［按：此为中国近代音乐史上第一部由中国人创作的西洋弦乐四重奏作品］。

铜管乐《在暴风雪中前进》（Vorwärts Marsch im Schneesturm）（无射硬调），Op. 23。

大提琴与钢琴《冬夜梦无词曲》（仲吕软调）。

钢琴、管弦乐《哀悼进行曲》（Trauermarsch，原名《哀悼引》）（黄钟软调），Op. 24，作于1916年12月［按：此为中国近代音乐史上第一首由中国人创作的西洋管弦乐队作品］。

1917年1—2月，萧友梅向北洋政府教育部书面汇报了近年来学业上取得的成绩，并提出请予延长研究期限一年的要求及理由。

此时的德国，经过长达两年半的第一次世界大战，人力物力消耗巨大，城市中粮食非常匮乏。4月，萧友梅不得不到波兰波森（Posen）省的布施多夫（Buschdorf）乡下，靠种马铃薯才解决了粮食问题。7月，萧友梅病了，经友人介绍，得以移居于马利心庵（Marysin）的医院。养病期间，他还收了几个学生，因"甚苦寂寞，乃藉教授法文及钢琴以消遣"。（《萧友梅自编影集》说明）

［注：波森本为波兰领土，原名波兹南（Poznań）。18世纪末，波兰被俄罗斯、普鲁士和奥地利三国瓜分；在第二次瓜分中，波兹南被割归普鲁士，改名波森。第一次世界大战结束后，波兰复国。根据凡尔赛条约，波森归还波兰，恢复了旧名波兹南。萧友梅1917年4月寄居波森时，波森还属于德国，波兰暂时还不复存在。1919年6月波森归还波兰，萧友梅乃回柏林，准备束装归国。］

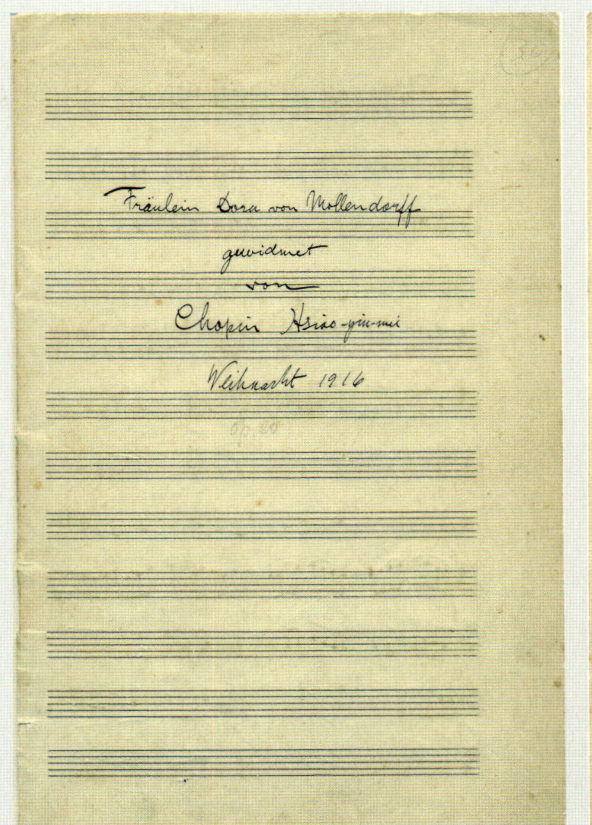

弦乐四重奏《小夜曲》（Op. 20），作于1916年圣诞节，题献给多拉·冯·默伦多夫小姐。这是中国近代音乐史上第一部由中国人为西洋乐器创作的室内乐作品。（上海音乐学院图书馆藏）

［注：《小夜曲》封面上萧友梅所写"Mollendorff"，应为"Möllendorff"。］

1918年11月，以德国投降为标志的第一次世界大战结束，欧洲的交通得以逐步恢复。1919年秋，萧友梅从波森的马利心庵回到柏林。10月22日，莱比锡大学向萧友梅签发博士证书。萧友梅终于可以回国了。回国前，他先游历了奥地利、瑞士、意大利、法国、英国等地名胜；12月16日，自法国勒阿弗尔港（Le Havre）启程赴美，于当月23日抵达纽约作美国之旅；翌年3月初，启程离美回国。

至此，萧友梅的留学生活结束了。萧友梅先在日本留学近十年，后在德国留学七年。在这么多年的留学生活中，他刻苦勤奋，完成了既定的音乐和教育学的全部课程，学会了作曲和指挥，完成了以西方先进的理论对中国古代民族文化的研究，获得了博士学位，拓宽了对人类的认识视野，而且还掌握了几国外语。他在日本学了日语和英语，在德国又学了德语和法语，而且每种外语都相当娴熟，他留下的大量德文、日文、英文、法文书籍便是最好的证明。（这些遗物原藏中央音乐学院，后萧友梅的侄女萧淑娴将它们都赠送给了上海音乐学院。）

天涯游子学成归国。当年送萧友梅赴德深造的祖国，其时对音乐文化艺术的认识仍停留在非常肤浅甚至封建的状态，音乐教育更是匮乏、落后，迫切需要他以所学的新思想、新观念、新知识去施展才能，开拓中国音乐的新天地。

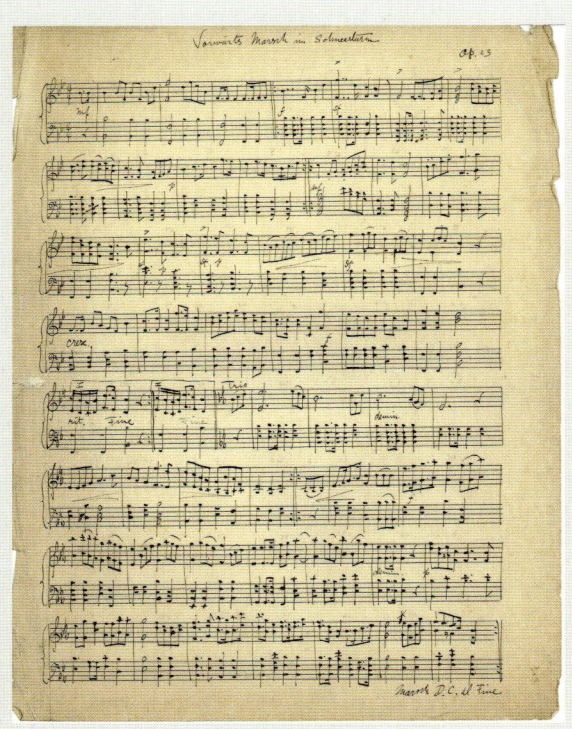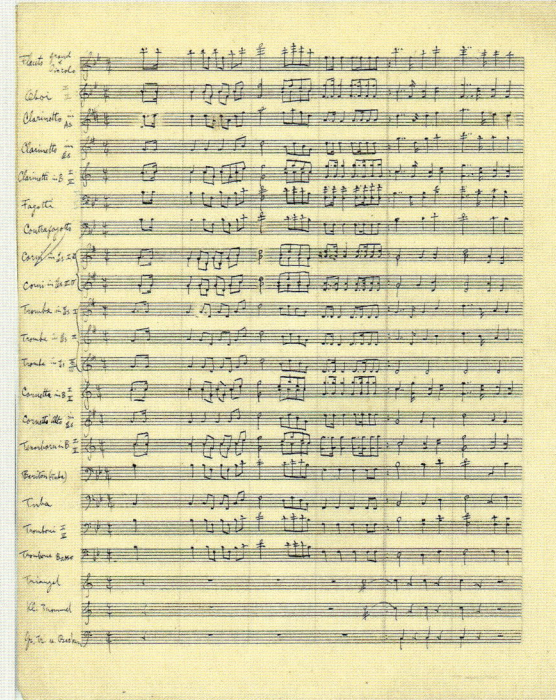

《在暴风雪中前进》（Op. 23）钢琴谱和管乐总谱。（上海音乐学院图书馆藏）

《哀悼进行曲》（Op. 24）作于1916年12月，这是该曲的钢琴谱及管弦乐第一小提琴分谱。（上海音乐学院图书馆藏）

1916年12月摄于柏林
(《萧友梅自编影集》编号21b)

1917年新年摄于柏林中国留学生会馆。前排左起：1.周烈忠，2.王纲，3.戴夏，4.毛毅可；中排左起：1.刘文显，2.萧友梅，3.应时及其女，4.应章肃及其子，5.闫鸿飞夫人，6.闫鸿飞，7.胡庶华；后排左起：3.张武，4.陈雨苍，6.凌翼，10.胡哲揆，11.唐宝书（《萧友梅自编影集编号22》）

1917年4月摄于波兰波森省布施多夫的马铃薯田上（《萧友梅自编影集》编号23）

1917年在波兰波森省戈斯滕(Gostyń)县桑德伯格(Sandberg)村的马利心庵前与德国中学教员朗格(Lange)一家及同国人周、廖等三君合影（《萧友梅自编影集》编号24a）

1918年5月与桑德伯格学法文的女学生合影（《萧友梅自编影集》编号25a）

1918年夏与桑德伯格学钢琴的女学生合影（《萧友梅自编影集》编号25b）

1919年1月1日摄于波森省城一波兰人家中（《萧友梅自编影集》编号28a）

在马利心庵与某君（《萧友梅自编影集》编号27）

马利心庵位于波兰波森省戈斯滕县桑德伯格村，"此处有田地8顷，家畜数十头，以此不至有粮食缺乏之苦"（《萧友梅自编影集》说明）。萧友梅于1917年7月到那里养病，至1919年秋才离开。

# 第四章  立志教育，初展才华
## ——北京时期（1920—1927）

1920年3月底或4月初，萧友梅自旧金山乘船回到上海；随即溯江而上，到武昌看望其阔别近八年的兄嫂；后按留学生章程规定，到北洋政府教育部报到，被委任为教育部编审员兼高等师范学校实验小学主任；同时应教育部之聘，担任国歌研究会委员并接受谱写国歌的任务。

1920年3月，萧友梅绕道美国归国途中，在"南京"号船上与丁淑静女士及江、冯两君合影。（《萧友梅自编影集》编号31）

北大音乐研究会《音乐杂志》第1卷第7号（1920年9月30日）刊登了北大音乐研究会教员名单，萧友梅位居第一。

由蔡元培亲任会长的北京大学音乐研究会，于1920年3月创办了《音乐杂志》，至1921年停刊，每年10期，共出版了20期。该刊刊登、连载了萧友梅撰写的多篇文章。

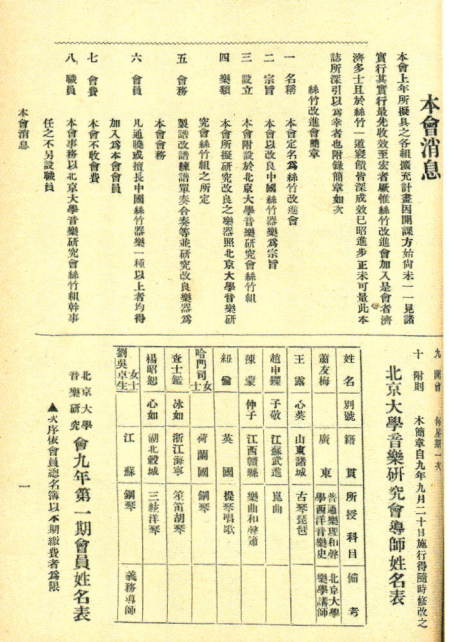

北京那时是新文化运动的中心，也是北洋政府的首府。萧友梅到京后即去拜会时任北京大学校长的蔡元培。蔡元培提倡"以美育代宗教"，认为美育陶冶人的情操，"……则其明以陶养性灵，使之日进于高尚者，固已足矣"。见到留德归来的萧友梅，蔡元培十分高兴，送给他刚出版的北京大学音乐研究会编辑的《音乐杂志》创刊号（1920年3月31日）。萧友梅见到北大能够出版这样一份专门的音乐刊物，真是喜出望外，欣然允诺为刊物撰稿，并认为它将会对中国音乐事业的发展起到重要作用。《音乐杂志》从1920年5月第1卷第3号起，至1921年12月第2卷第9、10号合刊止，每期都有刊登有萧友梅的文章或乐曲。在第1卷第3号上的《什么是音乐？外国的音乐教育机关。什么是乐学？中国音乐教育不发达的原因》一文中，萧友梅介绍了西方学者关于音乐的定义、音乐学的定义及其研究的内容和分类，音乐家应该具备的知识结构，外国音乐教育机构的体制、学制、课程设置及其学习内容等，进而概括指出了"中国音乐教育不发达的三大原因"；呼吁"我们若不用新法子来研究音乐，哪里可以有进步"。并指出，西方音乐和乐学的进步全在于音乐教育，"我们今天若是还不赶紧设一个音乐教育机关，我怕将来于乐界一方面，国人很难出来讲话了"。文中还首次简明地为乐学下了定义："乐学就是用科学的法子去研究音乐的所以然的学问。"此文还使用了"音乐美学"这一学科的名词称谓，在20世纪中国音乐史上，这应该是第一次。

北洋政府教育部在1919年成立了一个国歌研究会，萧友梅回到北京没几天，教育部就写信请他当会员。该研究会决定以《尚书大传》所载虞舜的《卿云歌》为歌词，并请萧友梅谱曲，以备大家采择。萧友梅虽然为《卿云歌》谱了曲，但指出，作为国歌的歌词文字必须浅近，"而且在没有选作国歌之前，已经有许多国民会唱而爱唱的。因为必须这样子选法，才可以得到国民大多数的同意"；并十分肯定地预料此歌"必不能久用"。尽管如此，这首《卿云歌》还是于1921年经北洋政府国会通过，正式定为国歌，于同年7月1日起在全国通行。

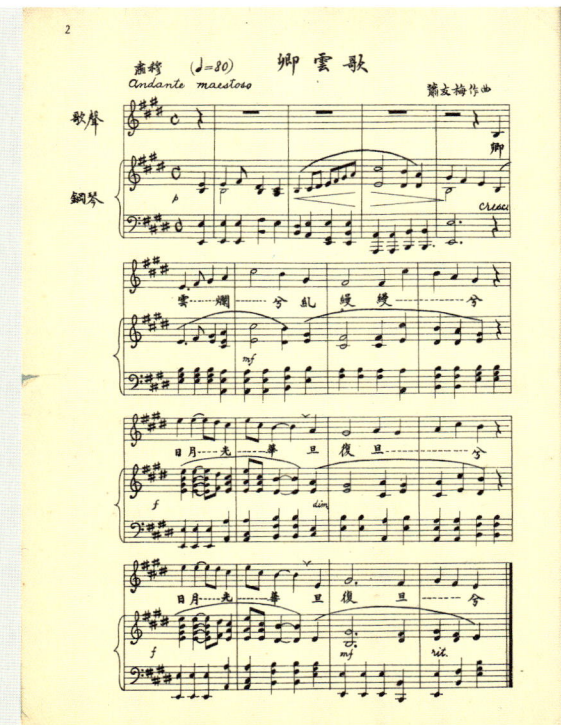

《卿云歌》首次发表于1920年5月31日出版的北大音乐研究会《音乐杂志》第1卷第3号

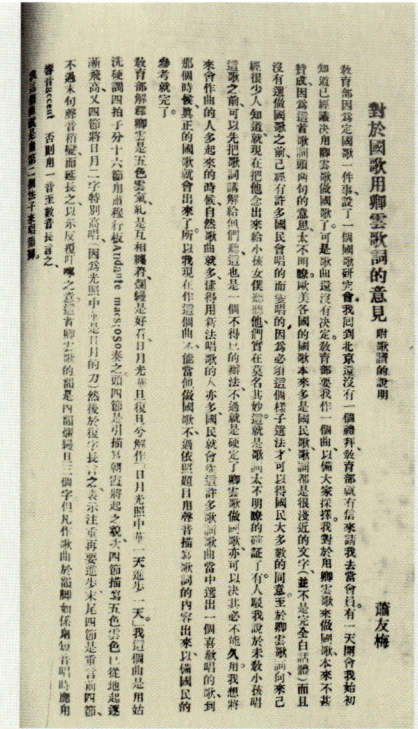

北大音乐研究会《音乐杂志》第1卷第3号首刊萧友梅谱曲的《卿云歌》，还刊登了他所写的《对于国歌用〈卿云歌〉词的意见（附歌谱的说明）》一文。文中阐述了作者对国歌用《卿云歌》词的看法，并介绍了谱此歌曲的构想。

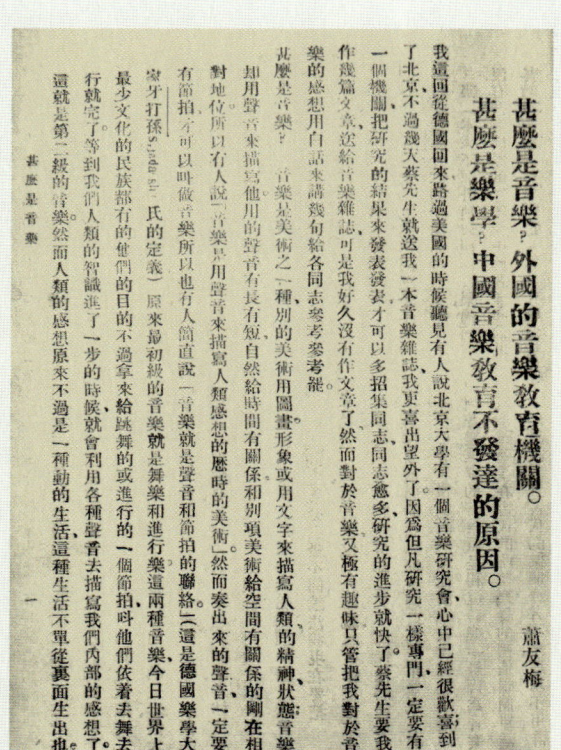

萧友梅所作《什么是音乐？外国的音乐教育机关。什么是乐学？中国音乐教育不发达的原因》一文刊于北大音乐研究会《音乐杂志》第1卷第3号（1920年5月31日）。

《华夏歌》由章太炎作词、萧友梅谱曲，刊登于1920年6月30日出版的北大音乐研究会《音乐杂志》第1卷第4号。该曲曾由北京女子高等师范学校音乐体操科的学生在学校音乐演奏会上演唱。

北京大学音乐研究会编辑的《音乐杂志》，从1920年6月30日出版的第1卷第4号开始，连载萧友梅编写的音乐教材《普通乐理》，至第二年9月30日第2卷7号载完，内容包括总论、音名、乐谱、音程、音阶、音乐发达的梗概等（该教材经修改增补后于1928年5月以《普通乐学》为书名由商务印书馆出版）。这期的《音乐杂志》还刊登了萧友梅的《乐学研究法》一文，其中主要介绍了研究乐学的五个方面：声学、声音生理学、音乐美学、乐理（狭义的乐学）和音乐史。文章概念新颖，内容丰富，条理清晰，理论性强，在中国音乐界首次介绍了欧洲音乐学奠基人之一胡戈·里曼（萧友梅留德时的导师）所创立的音乐学体系。

1920年9月，应北京大学校长蔡元培之请，萧友梅任北大中文系讲师及音乐研究会导师，讲授和声学、音乐史；11月1日起，开讲普通乐理和作曲法；又兼任国立北京女子高等师范学校音乐科音乐理论课教师，讲授和声学。

在1920年10月31日出版的《音乐杂志》第1卷第8号上，萧友梅发表了《中西音乐的比较研究》一文，在20世纪中国音乐史上第一次明确提出并初步实践了"音乐比较研究法"。文章指出："希望爱音乐诸君用科学的法子，做一种有系统的研究。无论研究中国音乐或外国音乐，科学的法子都用得着的，最好是能比较研究。""我们中国的音乐家，因为不肯研究记谱的法子，就是作了许多美曲，会了许多技术，若是找不到一个好耳朵的学生或朋友，他的乐曲同技术就会失传啦。"

萧友梅的《乐学研究法》刊于北大音乐研究会《音乐杂志》第1卷第4号（1920年6月30日）。

北大音乐研究会《音乐杂志》从第1卷第4号（1920年6月30日）开始连载萧友梅撰写的《普通乐理》，至第2卷第7号（1921年9月30日）载完。

萧友梅的《中西音乐的比较研究》刊于北大音乐研究会《音乐杂志》第1卷第8号（1920年10月31日）。

北大音乐研究会《音乐杂志》从第1卷第9、10号合刊（1920年12月31日）开始连载萧友梅的《和声学纲要》，至第2卷第9、10号合刊连载完。

《音乐杂志》又从1920年12月31日出版的第1卷第9、10号合刊开始，登载先生所编撰的教材《和声学纲要》，至1921年12月31日第2卷第9、10号合刊连载完毕。此教材经修订后取名《和声学》于1932年8月由上海商业印字房印刷出版。萧友梅在《序》中介绍该书："顾和声学一科为吾国专门学校向来所无，初次输入此项学科，即用国语编成课本，实非易事，以一切专门名词均须从新译定，书内所举各例，亦须亲自缮写也。"该书为20世纪中国音乐史上第一本实际应用于教学的系统介绍西方和声学的著作。同时，萧友梅还为北京女子高等师范学校音乐科编写了教材《近世西洋音乐史纲》，分前后两篇共六章。

当时，李四光（1889—1971）在北京大学地质系任教授，1920年1月他在巴黎停留期间，曾创作小提琴曲《行路难》，借以抒发自己的心情。回国后他将此曲交给同在北大授课的萧友梅先生，请予指正。这是中国人创作的第一首小提琴曲。

自1920年开始至1927年夏离开北京的近八年期间，萧友梅与庶母、妹、侄女等一直居住在府右街饽饽房胡同8号（后更名为博学胡同，现已拆除）。这是一座由内外两重四合院组成的老式北京住宅，萧柏林于1918年初购下，为供养父母及抚养弟妹之用。萧友梅定居北京后住在南房，并买了一架钢琴。据侄女萧淑娴回忆："他亲自教我们姑侄五人钢琴，还将钢琴的使用排了时间表，每人根据各自进度，每日进行一或二小时的练习。而他本人除了要去教育部、北京大学讲课、备课、写讲义、搞创作之外，为自己每日也安排两小时的钢琴练习，并且从不间断。二叔在德国留学多年，养成非常有条不紊的生活、学习及工作习惯，爱惜时间到了分秒必争的程度。在工作和学习的时候，他最讨厌人们做无谓的事，或游手好闲，浪费光阴，这是他最不能容忍的。"

李四光（1889—1971）请萧友梅指正的小提琴曲《行路难》。谱上写有李四光的原名"仲揆"和"千九百二十年正月作于巴黎"。（上海音乐学院图书馆藏）

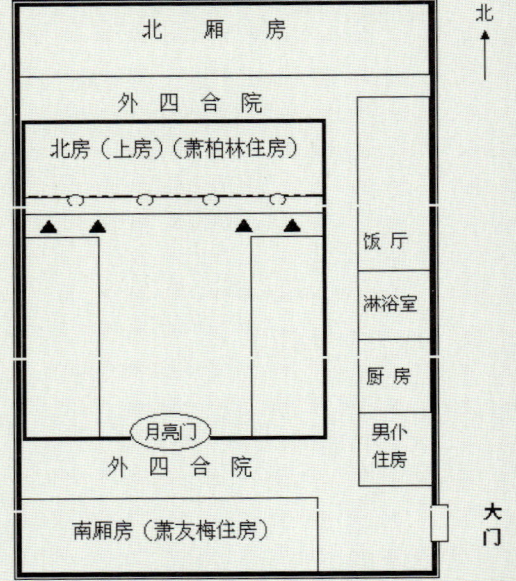

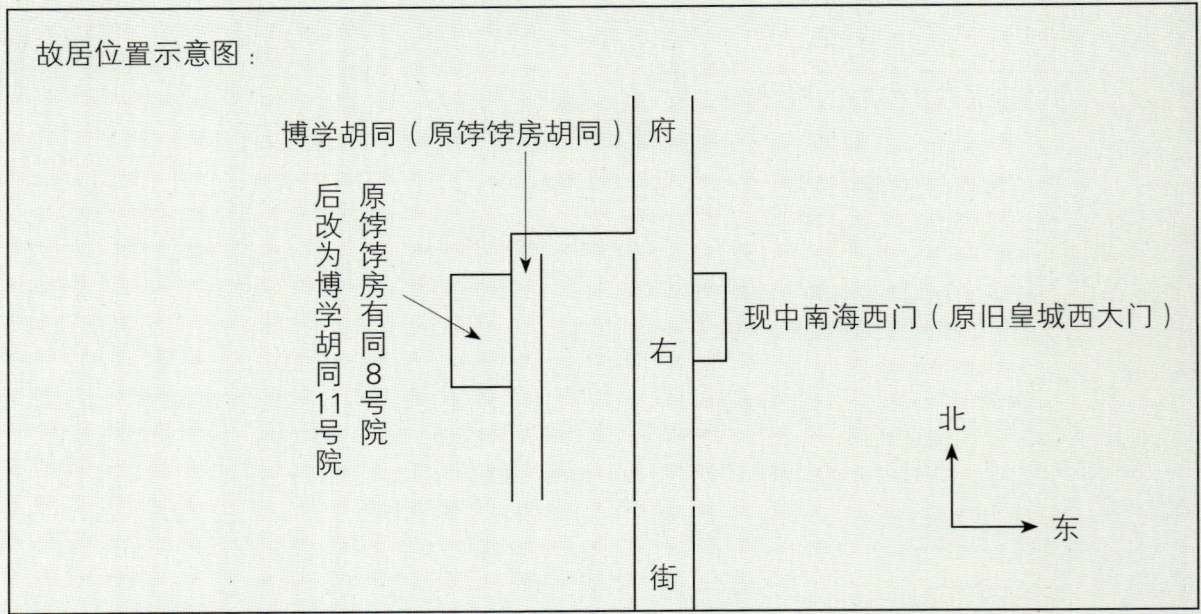

上图为萧家（萧柏林和萧友梅）20世纪20—30年代在北京的故居——西城区饽饽房8号院平面图。该图及位置示意图均由萧友梅侄孙女萧慧蕙根据萧淑娴回忆并经实地考察后绘制。

萧友梅喜欢社交，常在周末晚上邀请北大的同事们和北京知识界的知名人士来家里茶叙，在一起吟诗、唱歌、奏乐、游戏和闲谈。常客中除了易韦斋（1874—1941），还有李四光、赵元任（1892—1982）、杨仲子（1885—1962）、刘天华（1895—1932）、林风眠（1900—1991）、谭熙鸿（1891—1956）、司徒乔（1902—1958）、任鸿隽（1886—1961）、陈衡哲（1890—1976）、张奚若（1889—1973）、丁燮林（1893—1974）、钱端升（1900—1990）、黎锦熙（1890—1978）、陈西滢（1896—1970）、王世杰（1891—1981）等。北大和女高师的学生们也经常来，后来成立的北大音乐传习所乐队有时还在这里排练。

1921年1月，萧友梅应聘担任北京女子高等师范学校音乐体操专修科主任，该科其他音乐教员有杨仲子、赵元任等。在萧友梅提议下，音乐、体操不久分科，萧友梅任音乐科主任。该校1924年改名为国立北京女子师范大学；1925年成立国立女子大学后，音乐科（系）划归该校，萧友梅继续担任科、系主任。

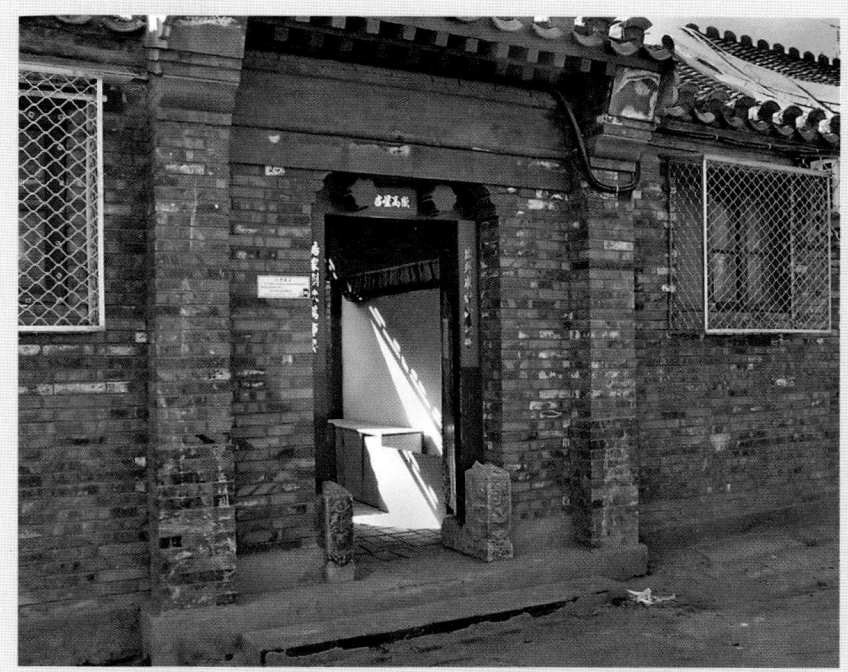

2007年9月摄影的萧家院落。上图是大门，下图是内四合院的北房（现已拆除）。

1921年1月7日生日摄于北京。萧友梅在照片说明中写道："其时尚服先父之丧。"（《萧友梅自编影集》编号33）

杨仲子（1885—1962），著名音乐教育家、书画家、篆刻家，曾在瑞士国立音乐院主修钢琴、作曲十年，回国后与萧友梅共同主持北京女子高等师范学校音乐体操专修科，并在北大音乐研究会、北京艺术专门学校任教。1941年任重庆国立音乐院院长。

北大音乐研究会《音乐杂志》第2卷第5、6号合刊（1921年6月30日）刊出"萧友梅先生近照"及其学术简历，首次向国内音乐教育界介绍萧友梅。

萧友梅作曲、范源廉作词的《民本歌》，刊于北大音乐研究会《音乐杂志》第2卷第2号（1921年2月28日）。范源廉（1875—1927），字静生，时任北洋政府教育总长之职。

1921年8月20日，赵元任返回美国康奈尔大学任教。萧友梅等好友去北京火车站为其夫妇送行。赵元任这次回国结识了萧友梅，从此两人建立起终生的友谊。图中居中者为赵元任，其右手边为赵夫人。(《萧友梅自编影集编号43》)

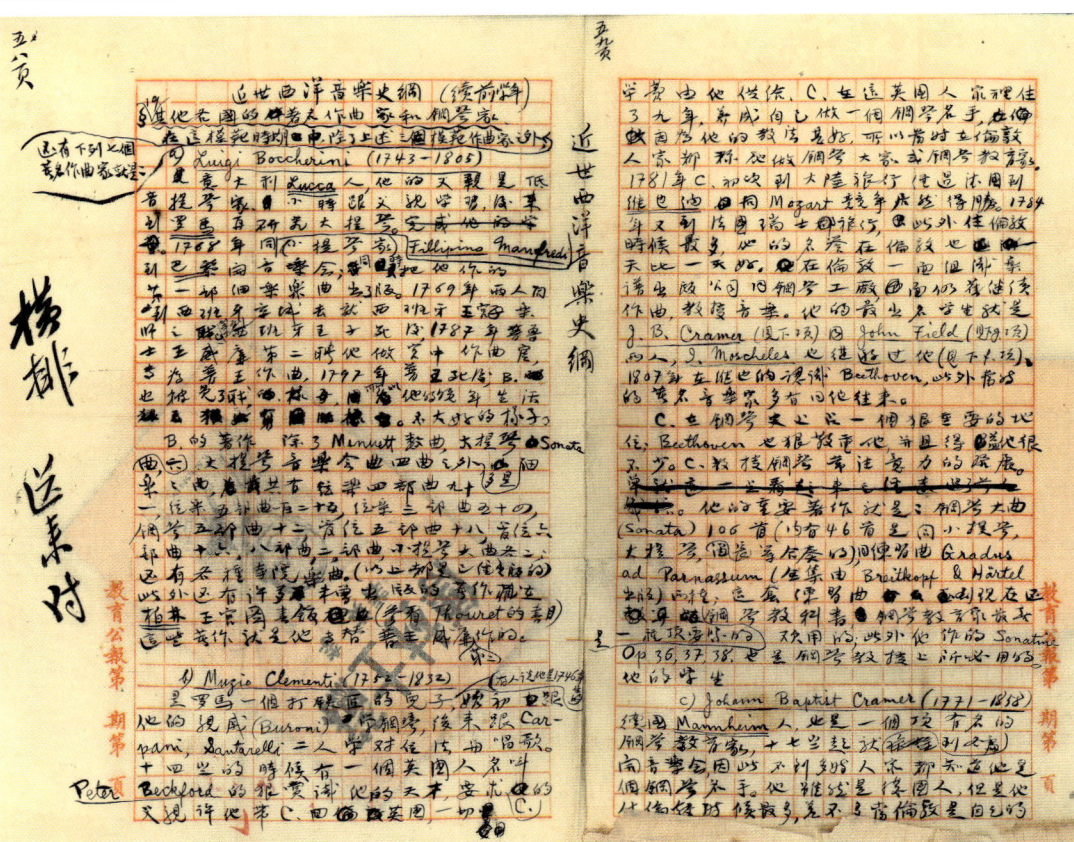

萧友梅为北京女子高等师范学校音乐科编写的教材《近世西洋音乐史纲》手稿。此教材另存有铅印本。（上海音乐学院图书馆藏）

北京女子高等师范学校音乐演奏会秩序单，1921年10月10日。其中有几首萧友梅谱曲的歌曲。

自回国后，萧友梅就有成立音乐社团的想法。1921年6月30日，由他领衔与沈彭年、杨祖锡（仲子）、赵元任、甘文廉等同道发起组织了乐友社。《音乐杂志》第2卷第5、6号合刊刊登的《乐友社缘起》一文中，提出了振兴我国乐学的方法和步骤：一是"输进西洋音乐之学理及技术，以增益吾国之所未有"；二是"整理吾国旧有学说，发挥而光大之"。而"其入手之方法，在使理论及技能者互相辅助，群策群力以图音乐之革新"。"其最终之目的，在使一般人士深知音乐之价值，而美感教育渐且普于社会。循是行之，日进不已。他日世界音乐界中，或尚能容吾国占一席地乎。"

在萧友梅的策划和组织下，1921年10月10日，北京女子高等师范学校举行了第一次音乐演奏会，演出了易韦斋作词、萧友梅作曲的《华夏歌》《中秋》《渐渐秋深》等合唱，以及管弦乐合奏、钢琴独奏、钢琴联奏等其他节目。

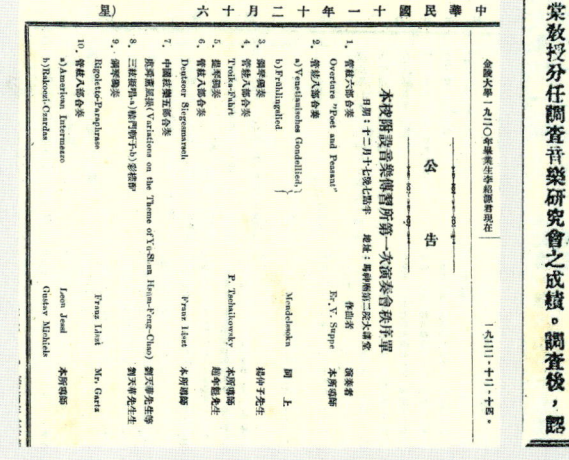

《北大日刊》1922年12月16日刊登音乐传习所举行第一次演奏会秩序单

《北大日刊》1922年12月23日报道音乐传习所补行开幕礼纪事

1922年12月12日，北大音乐传习所师生合影。（《萧友梅自编影集》编号53）

1922年8月1日，关于设立北京大学附设音乐传习所的提案在北大第九次评议会上获得通过。萧友梅受蔡元培委托，即为音乐传习所拟定章程及招生广告。简章说明传习所分本科、师范科、选科三种。这实际上就是一所北大所属相对独立的小型音乐院。萧友梅受聘为音乐传习所教务主任，传习所教师有杨仲子、刘天华、嘉祉（俄籍钢琴家）、易韦斋、赵年魁、甘文廉、乔吉福、穆志清、李廷桢等。10月2日，蔡元培在北京大学秋季开学典礼致辞中，宣布成立音乐传习所，并说："美术的陶养，也是不可少的，……今年改由学校组织，分作两部——（一）音乐传习所，请萧友梅先生主持；（二）造型美术研究会，拟请钱稻孙先生主持。除规定课程外，每星期要有一次音乐演奏会和美术展览会，以引起同学审美的兴味。"12月12日，音乐传习所补行开学典礼，各科学生共27人。12月17日，北京大学举行第24周年纪念会。是日晚7点半，音乐传习所在马神庙（即今沙滩后街）第二院大讲堂举行第一次演奏会，节目有本所导师的管弦六部合奏、八部合奏以及杨仲子钢琴独奏、赵年魁提琴独奏、嘉祉钢琴独奏、刘天华等的中国弦乐五部合奏和三弦拟唱等。至1927年春止，在萧友梅的组织下，音乐传习所乐队共举行了四十多场音乐会，演出节目包括欧洲古典、浪漫时期的经典管弦作品，中国民族乐器如二胡、琵琶独奏，以及萧友梅新创作的乐曲、歌曲等。

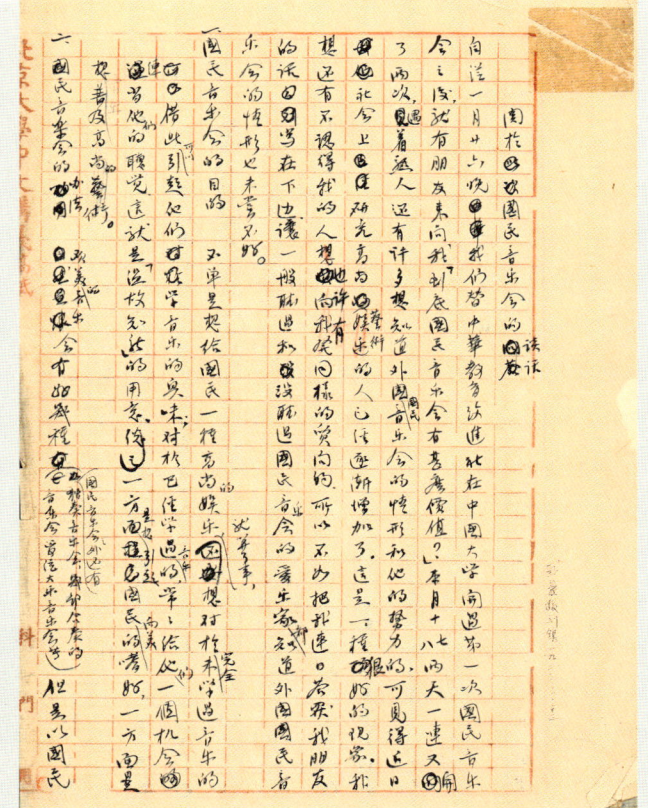

萧友梅的《关于国民音乐会的谈话》作于1923年2月21日。刊于当年3月23日北京《晨报副刊》第1版。这是该文手稿首页。（上海音乐学院图书馆藏）

嘉祉（Gartz），俄籍钢琴家。1919—1926年间在中国，同时在北大音乐传习所、北京艺专、北京女子师范大学教授音乐，又是音乐传习所管弦乐队中唯一的外籍音乐家，深受中国师生的尊敬和爱戴。

北大第二院大讲堂。音乐传习所的音乐会大多在此举行。（出自《老照片中的大清王府》，北京文化艺术出版社，2006年）

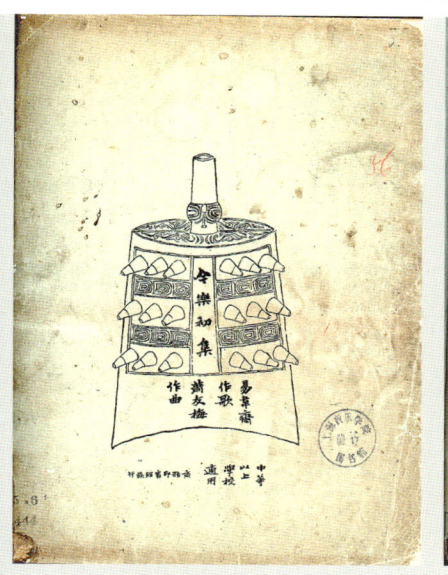  

易韦斋作词、萧友梅作曲的歌集《今乐初集》于1922年10月由商务印书馆发行,1923年再版。(上海音乐学院图书馆藏)

萧友梅与易韦斋合作的第二本歌集《新歌初集》,1923年8月由商务印书馆出版。《新歌初集》扉页为杨仲子所作画,题为"誌梦"。(上海音乐学院图书馆藏)

易韦斋(1874—1941),广东鹤山人,著名词作家,亦通音律,工书画,尤精于篆刻。曾在南京临时大总统府任秘书,1920年因萧友梅之荐在北京女高师音乐科和北大音乐传习所教授国文诗词。后又应萧友梅之聘来上海在国立音乐院和国立音专任诗词教员。他与萧友梅合作多年,为其歌曲作词,包括《今乐初集》《新歌初集》《新学制唱歌教科书》《杨花》等,并亲自书写、绘谱,为萧友梅作品的出版付出了辛勤劳动。

1922年10月,萧友梅与易韦斋合作的歌曲合集《今乐初集》由商务印书馆发行。该书收集了《卿云歌》以及其他歌曲二十首。作为教材的这本歌集,和翌年出版的《新歌初集》,是我国现代最早出版的中国作曲家的创作歌曲集,改变了我国学校以往的唱歌教材以"选曲填词"为主的方式,代之以原创歌曲。这些歌曲基本上达到了萧友梅对新歌的"宜多作愉快活泼、沈雄豪壮之歌"的要求,尤其是其中的《问》《南飞之雁语》等歌曲在当时已经成为音乐会的保留节目,因此具有重要意义。

1923年1月26日，应蔡元培与中华教育改进社之邀，萧友梅以"乐友社"名义，组织音乐传习所师生在中国大学举办第一次国民音乐会。2月中旬又组织音乐传习所师生在北京高等师范学校连续两天举办国民音乐会。这几场音乐会，会场秩序一回比一回好，听众一次比一次多，萧友梅非常高兴，撰写了《关于国民音乐会的谈话》一文。文章首先指出举办国民音乐会的目的"一方面是想引起国民向美的嗜好，一方面是想音乐普及"，认为"因为音乐是一种真正的世界语……不用翻译亦可以明白这个乐曲的性质。所以音乐是世界的，是最能联络人类感情的"。文章最后指出：提倡美育，不能没有音乐教育，举办"国民音乐会就是实行普及美育的最好办法之一"。

在几个月来十余次演奏会艺术实践的基础上，一支由十七人组成的北京大学管弦乐队正式成立了（嘉祉担任钢琴手，后又有俄国人托诺夫担任首席小提琴），萧友梅亲任指挥。这是第一支基本由中国人组成并由中国人担任指挥的西洋管弦乐队。

这年的5月5日，北大管弦乐队在第二院大讲堂举行首次交响音乐会，音乐会节目单上写有英文"Symphony Concert"。演奏曲目有：贝多芬的《第六交响曲》、瓦格纳的《齐格弗里德》序曲中的《森林之声》等。萧友梅在为节目单撰写的说明书中，简单解释了什么是交响乐，并介绍了贝多芬和瓦格纳的作品。这是中国现代音乐史上第一次由中国人指挥、中国人演奏的交响音乐会。

1923年清明节，萧友梅与家人在位于北京西郊香山碧云寺山下公主坟村的父亲墓上扫墓。（《萧友梅自编影集》编号65号）

1923年8月15日，萧友梅与北京高等师范学校师生在礼堂前合影。（《萧友梅自编影集》编号34号）

既然有了中国人自己的管弦乐队，萧友梅就想创作中国民族风格的管弦乐曲。他想到了已佚失的唐代乐曲《霓裳羽衣舞》，"唯其曲之组织大体，尚可以从白居易之《霓裳羽衣舞歌》中忖度得一二"。仿照白居易的描绘，萧友梅创作了管弦乐曲《新霓裳羽衣舞》（Op.39），1923年12月17日在北河沿第三院大讲堂举行的音乐传习所第十五次音乐会上，由萧友梅指挥北大管弦乐队首演这部作品。以后该乐队又多次演奏此曲。因此，萧友梅堪称是一位探索创作民族化管弦乐曲的先驱。

新制乐队曲《新霓裳羽衣舞》钢琴谱石印本于1923年8月出版，杨仲子绘制封面。今尚存作者为北京大学附设音乐传习所的小型管弦乐队编配的管弦乐总谱手稿。1930年7月，该曲钢琴谱又编入"国立音乐专科学校丛书"由商务印书馆出版，内封刊有杨仲子以其家藏《广寒图》彩笔国画题赠的插页，以及易韦斋、萧友梅所作序。（上海音乐学院图书馆藏）

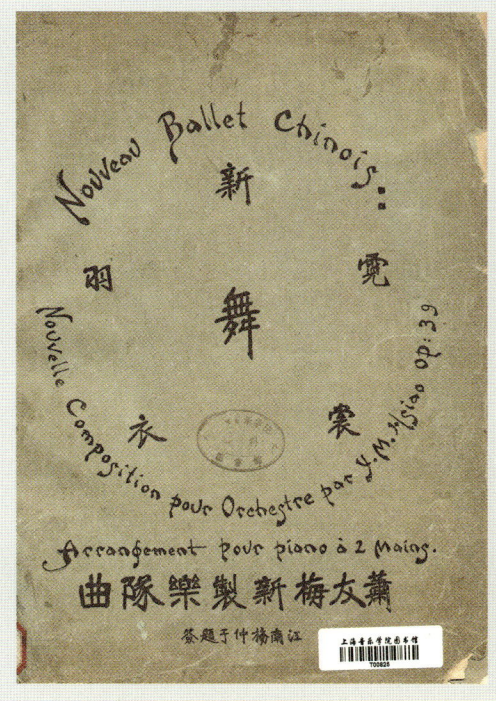

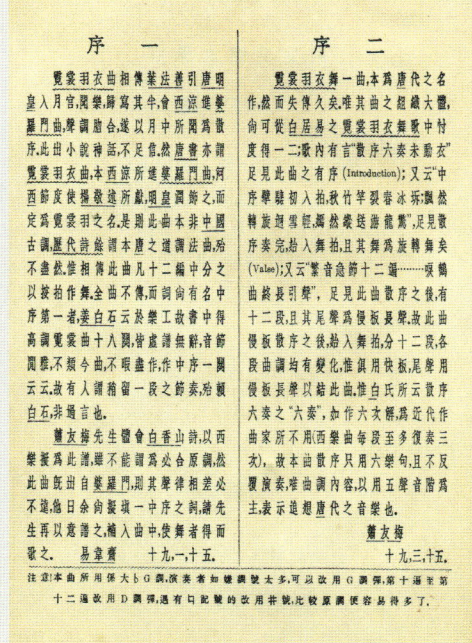

在北京担任教育工作期间，除了《近世西洋音乐史纲》，萧友梅还根据当时的需要编著了多种教本。1924年3月，经教育部批准，他编写的《新学制乐理教科书（初级中学用）》第一册由商务印书馆出版，全套六册至次年出齐。另外还有《新学制唱歌教科书》《新学制风琴教科书》《新学制钢琴教科书》和《小提琴教科书》（1926年10月编）。这些教本有些多次再版，证明了当时音乐教育的迫切需要。

1925年3月12日，孙中山因病在北京逝世。当时急需用追悼曲，萧友梅便将自己留德期间于1916年为悼念烈士黄兴、蔡锷而写的管弦乐曲《哀悼引》，编配成由铜管乐队演奏的《哀悼进行曲（悼孙中山先生）》，供孙中山葬礼上用（乐谱现保存于南京紫金山中山灵堂）。3月28日，在景山东街第二院大讲堂音乐传习所举行的第十九次演奏会——"为纪念孙中山先生大乐音乐会"上，萧友梅指挥乐队演奏了他自己作曲的《哀悼进行曲》及其他外国哀悼乐曲。音乐会预告中说明："此会为纪念孙中山而开故所演多悲曲。"

1923年8月摄于萧友梅寓所馂馂房8号，当时北大管弦乐队每周在这里排练一次。（《萧友梅自编影集》编号32）

1923年11月，北京大学管弦乐队在音乐传习所前合影。前排左起：1. 干文廉，2. 李廷桢，3. 冯莲（？）舫，4. 李廷贤，5. 穆志清；中排左起：1. 嘉祉，2. 那全立，3. 赵年魁，4. 全子贺，5. 孟范泰，6. 乔吉福，7. 徐玉秀；后排左起：1. 杨仲子，2. 连润启，3. 萧友梅，4. 潘振宗，5. 王广福（《萧友梅自编影集》编号30）

北大附设音乐传习所教职员学生摄影。前排左五起萧友梅、杨仲子、嘉祉、刘天华(《萧友梅自编影集》编号36)

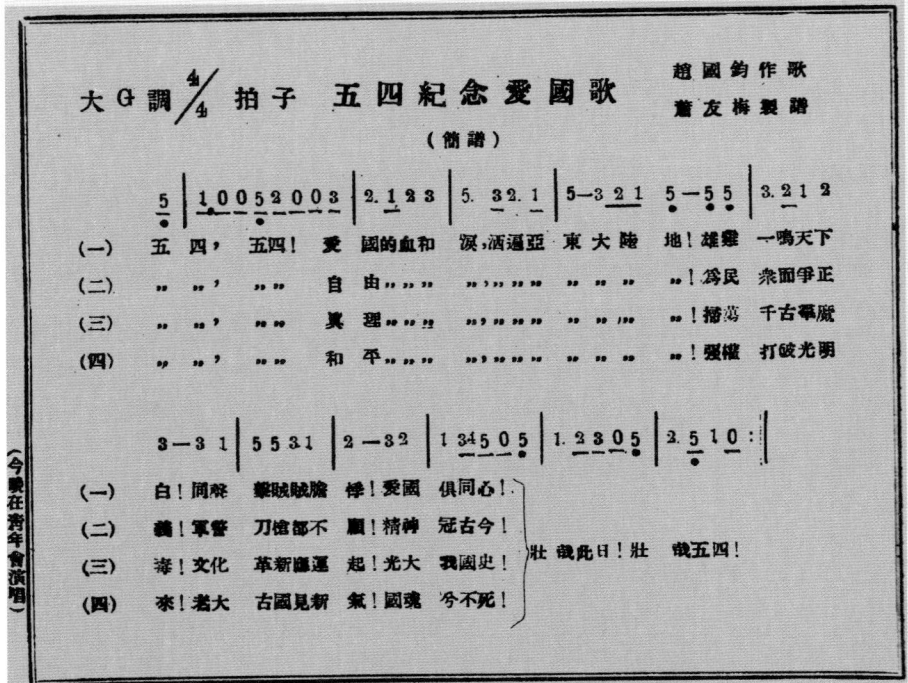

1924年，为纪念"五四"运动五周年，萧友梅特作《五四纪念爱国歌》（赵国钧作词），北京《晨报副刊》于1924年5月4日当天在第3版刊登了这首歌曲的简谱，并注"今晚在青年会演唱"。那天晚上，在北京青年会国民音乐大会上，萧友梅亲自指挥合唱队演唱了这首充满朝气和激情的群众歌曲。萧友梅后又为该曲配上了钢琴伴奏。

大型女声合唱曲《别校辞》（Op.40）是1924年5月萧友梅为女高师音乐系首届毕业生而作，由管弦乐队伴奏，音乐表现了学生们的生活和理想。当年5月17日在北京米市大街青年会礼堂首演。这是长笛分谱。

1925年8月，原国立北京美术专门学校奉命改组为国立北京艺术专门学校，增设音乐系和戏剧系，萧友梅被聘为音乐系主任，杨仲子、刘天华也在该系任教。

国立北京女子师范大学于1925年10月更名为国立女子大学后，萧友梅继续担任该大学音乐科主任。1926年，音乐科的学生要为学年终的汇报音乐会排练一出小歌剧《五月花后》，剧情讲的是：五月群花盛开的季节，村镇要选一位姑娘当五月花后。一位姑娘出身富有，自认为最有资格当选，但群众不喜欢她的高傲，一致推选了另一位来自农村的品德优秀的姑娘。全剧用英文演唱；赵丽莲导演，霍尔瓦特夫人任声乐指导。萧友梅对此很感兴趣，常去观看排练并提出意见，正式演出那天还亲自担任舞台监督。此剧演出相当成功，女子大学音乐科在社会上也得到很好的评价及赞赏。

音乐传习所的钢琴教员嘉祉先生，来华七年，在北大、女大、艺专等校教授音乐，成绩卓著；应南美智利音乐院院长之聘，他即将离开中国。这年5月29日，为向嘉祉先生表示敬意，音乐传习所在东长安街平安电影院举行"钢琴教员嘉祉先生告别音乐会"。音乐会上，萧友梅指挥乐队演奏了贝多芬的《爱格蒙特序曲》《C小调第三钢琴协奏曲》（Op.37）和德沃夏克的《新世界交响曲》等名曲，嘉祉亲自担任协奏曲中的钢琴演奏。此外还有女子大学中乐组为送别嘉祉先生而演奏的琵琶合奏和丝竹合奏，嘉祉先生的学生吴伯超、韩权华、萧淑娴等的钢琴独奏。中外音乐名家及嘉祉先生的朋友、学生等多位参加。这次音乐会很可能是北大音乐传习所的最后一次演出。

北京女子高等师范学校，简称"女高师"。1908年创建时名京师女子师范学堂；1912年更名为北京女子师范学校；1919年更名为北京女子高等师范学校；1924年5月升格为国立北京女子师范大学，简称"女师大"；1925年8月被教育部改组为国立女子大学；同年11月原女师大复校。1928年，女师大、女子大学参与合并组建国立北平大学，女师大改组为北平大学女子师范学院，女子大学改组为北平大学女子文理学院。1931年原女师大部分并入国立北平师范大学，即今之北京师范大学。图为原京师女子师范学堂校舍，今为北京市鲁迅中学。

《新学制乐理教科书》(初级中学用,共六册),商务印书馆1924年3月出版第1册,至次年出齐。(上海音乐学院图书馆藏)

《新学制唱歌教科书》(初级中学用),萧友梅编,商务印书馆1924年5月出版。(上海音乐学院图书馆藏)

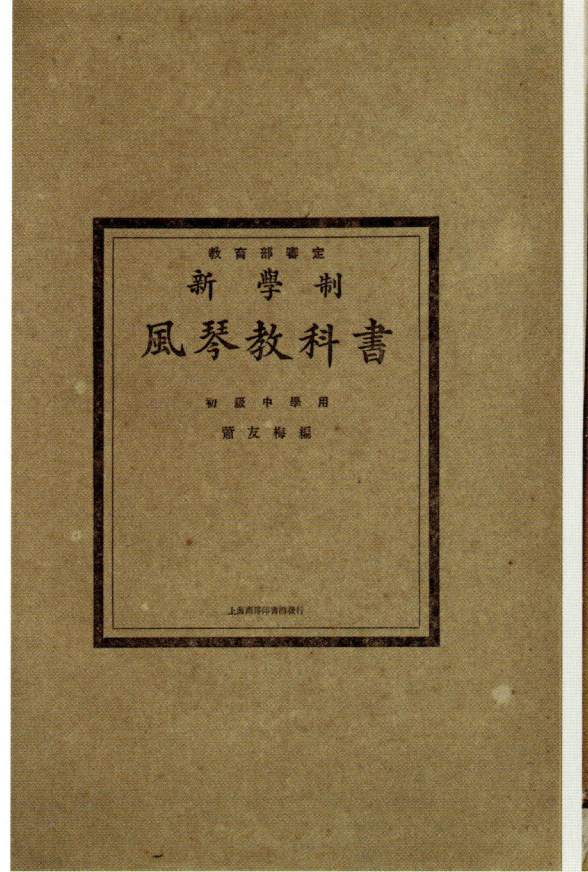
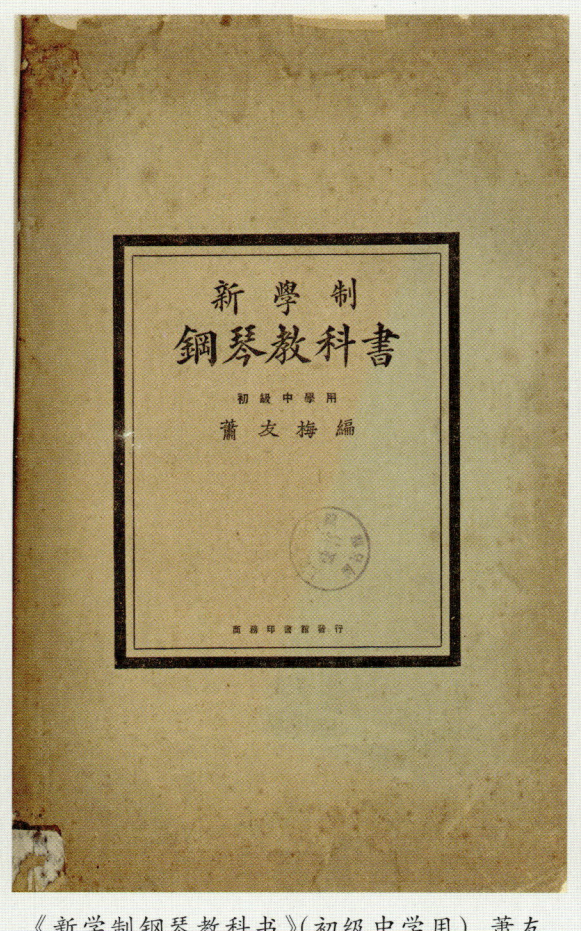
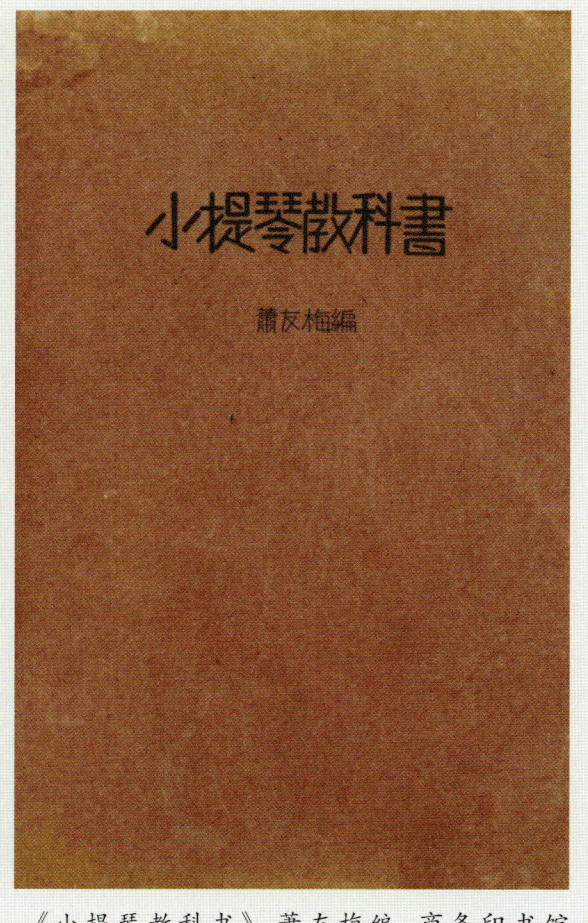

《新学制风琴教科书》(初级中学用),萧友梅编,商务印书馆1924年出版。(上海音乐学院图书馆藏)

《新学制钢琴教科书》(初级中学用),萧友梅编,商务印书馆1926年7月出版。(上海音乐学院图书馆藏)

《小提琴教科书》,萧友梅编,商务印书馆1927年11月出版。(上海音乐学院图书馆藏)

北大音乐传习所的音乐会,从1922年到1927年7月音乐传习所撤销,共举行了约四十场,为北京市民开启了西方音乐殿堂的大门,带来了清新的艺术空气,丰富了市民的文化生活,为普及音乐教育做了有益的实事。这其中有萧友梅的功绩。

从1920年4月到北京,至1927年暑假南下上海另觅出路,整整七年,萧友梅在北京为音乐教育事业呕心沥血。他辛勤教学,努力创作,著书立说,指挥乐队,这些工作不仅为刚起步的中国现代音乐教育作出了贡献,也为他日后在上海办学积累了经验。

1924年5月19日,萧友梅偕女高师音乐系毕业生同游中央公园(今中山公园)。(《萧友梅自编影集》编号54)

1924年夏在北京西郊西山静宜园与女高师音乐科毕业生合影留念(《萧友梅自编影集》编号45)

1925年1月7日生日摄影
(《萧友梅自编影集》编号60)

1925年1月7日生日与妹萧纯真(右)、侄女萧淑贞合影(《萧友梅自编影集》编号44)

1925年2月在北京与八兄弟姐妹及大兄全家共22人合影(《萧友梅自编影集》编号35)

1926年春与刘天华(左1)、嘉祉(左3)、托诺夫(Tonoff，右1)等合影(《萧友梅自编影集》编号62)

1926年春摄于琴室。时从沪购来这架J. Bach牌钢琴已经有三个月。(《萧友梅自编影集》编号50)

1926年夏,为音乐传习所师范科学生毕业宴请教职员及同学于北海。右侧从前往后为吴伯超、刘天华、郑颖孙(《萧友梅自编影集》编号49)

1926年夏,与北京艺专音乐系部分师生摄于校内(前排左4杨仲子,左5林风眠,后排右5冼星海)。(《萧友梅自编影集》编号46)

1926年夏,与国立女子大学音乐科师生摄于教育部西花厅之假山前。(《萧友梅自编影集》编号47)

1926年9月15日,萧友梅参加八妹在欧美同学会举行的结婚仪式时与八妹夫妇及家人合影。(《萧友梅自编影集》编号63)

1926年9月,萧友梅在饽饽房胡同8号与家人合影。(《萧友梅自编影集》编号52)

1926年秋,萧友梅与国立女子大学音乐科学生合影于北京前奥国使馆花园。(《萧友梅自编影集》编号51)

1926年冬,与北京艺专几位学生合影。(《萧友梅自编影集》编号48)

1927年2月，与国立女子大学音乐科师生合影。
前排左起：2. 上官绍瑾，3. 张萃如，4. 李淑清，5. 霍尔瓦特夫人，6. 萧淑娴，7. 谢兰郁，8. 潘君芳，9. 李鸿宜
后排左起：1. 曹安和，2. 杨筱莲，3. 潘君璧，4. 贾观蓉，5. 刘天华，6. 杨仲子，7. 萧友梅，8. 嘉祉，9. 韩权华，10. 王同华，11. 汪颐年，12. 周宜
（《萧友梅自编影集》编号55）

1927年6月初，出席国立女子大学音乐科及音乐传习所的教员、学生在北海为嘉祉先生举行饯别活动时合影。（《萧友梅自编影集》编号56）

# 第五章　筚路蓝缕，艰苦创业
## ——国立音乐院时期（1927—1929）

正当萧友梅在北京的音乐事业搞得红红火火时，1927年8月6日，北洋军阀政府下令将北京大学、北京师范大学、女子大学、艺术专门学校等九所国立院校改组为国立京师大学校，由教育部长刘哲自任校长。音乐、戏剧专业被撤销了，北大音乐传习所也被取消，理由是"音乐有伤社会风化"。

眼看音乐教育在北京办不下去了，8月下旬，萧友梅南下到上海，拟向即将担任南京国民政府大学院院长的蔡元培提出在上海创办国立音乐院的建议。

上海大同乐会主任郑觐文闻讯萧友梅到沪，即热情邀请他访问。8月28日萧友梅参观大同乐会，受到热烈欢迎并聆听了多位专家的演奏。

10月9日、16日、23日晚，萧友梅聆听了上海工部局管弦乐队的音乐会，曲目有里姆斯基-科萨科夫的管弦乐组曲《舍赫拉查达》、瓦格纳的歌剧《汤豪舍》序曲，以及柴科夫斯基的《第六交响曲》（悲怆）、格里格的《培尔·金特组曲》等。

国立音乐院在上海陶尔斐斯路（今南昌路）56号开院礼后全体合影
前排：左2蔡元培，右1王瑞娴
二排：左2易韦斋，左3杨杏佛，左4萧友梅
三排：左3朱英，右1古宪嘉，右2吴伯超

萧友梅听后欣喜不已，在随后发表的《听过上海市政厅大乐音乐会后的感想》一文中，他为上海拥有这样一个正规编制的高水准管弦乐队而感到高兴："这回国民政府大学院要创办一个音乐院，我更主张设在上海，因为学音乐者必定先有一种熏陶，方才可容易领略（尤其是学新音乐）。现在大学院已经决定在上海开办音乐院，并且进行招生，是何等一种可喜的现象！"

经过蔡元培的争取，10月24日，在上海筹建国立音乐院的议案获大学院批准，萧友梅被委派为音乐院筹备员。此时，他又被大学院聘为艺术教育研究委员会委员。随即，国立音乐院便在《申报》《民国日报》等报纸刊登招生广告。萧友梅在上海租赁陶尔斐斯路（今南昌路）56号为校舍，学校从11月初起招生考试，录取学生23名，11月16日先行上课。在同月27日补行的开院礼上，大学院院长兼国立音乐院院长蔡元培在训词中鼓励教职员："只要教者、学者及办事人皆以一番热忱毅力，相策相辅，黾勉精进，则必日起有功，学者济济，术业成就，可拭目而待。"萧友梅作为教务主任在发言中讲道："当1823年伦敦Royal Academy of Music成立的时候，只有二十个学生，过了八十年学生增加至五百以上。我们不怕今天同学少，但我们同事、同学大家努力，那么不到十年就可以有五百以上的同学了。这是我对音乐院唯一的希望。"从此，中国近现代第一所国立音乐院正式诞生了。它"为国立最高之音乐教育机构，直辖于国民政府教育部"（《国立音乐院组织大纲》）。学校规模虽小，但组织大纲、学则等规章制度却制定得规范严谨。学校设理论作曲、钢琴、小提琴及声乐四系；分预科、本科、专修科及各项选科；采用学分制。

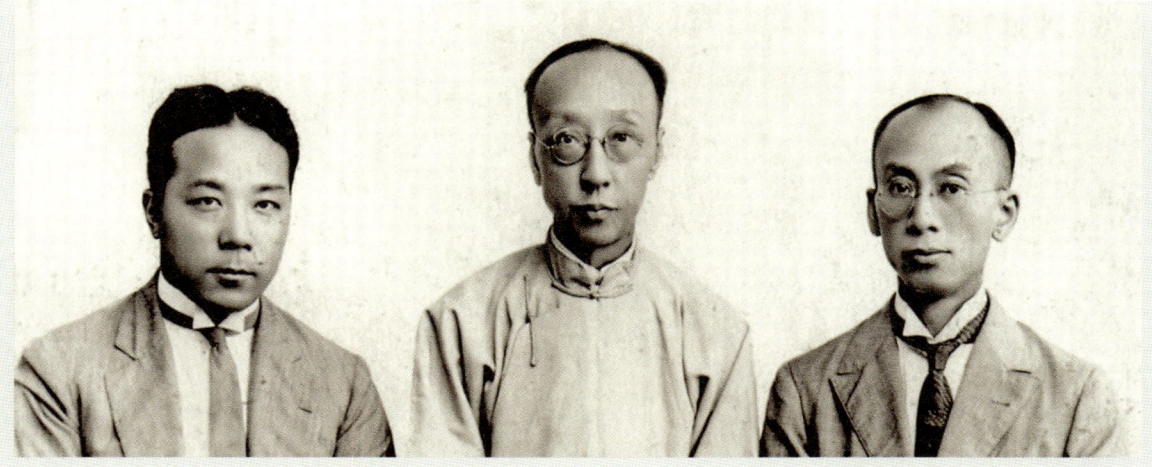

萧友梅与国立音乐院教授易韦斋（居中者，教授国文、诗歌与词曲）、副教授杜庭修（居左者，教授合唱、国音与体育）合影于上海

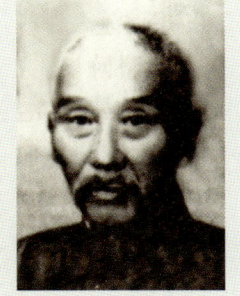

郑觐文（1872—1935），上海大同乐会创办人。

《民国日报》1927年11月28日刊登国立音乐院成立的消息

萧友梅所写《听过上海市政厅大乐音乐会后的感想》，刊于国乐改进社的《音乐杂志》第1卷第1号（1928年1月10日）。

《申报》1927年11月3日刊登国立音乐院择定地址的消息

《申报》1927年11月2日登载国立音乐院招生消息

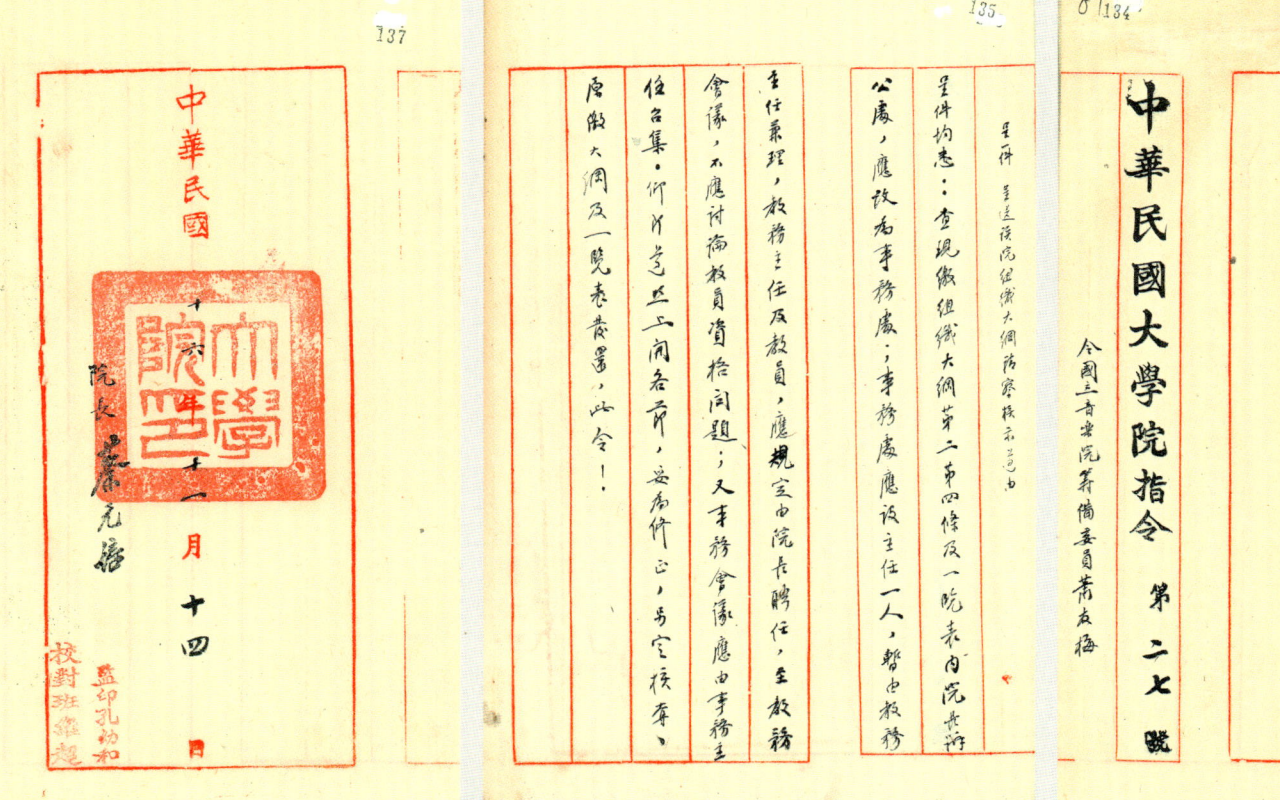

1927年11月，中华民国大学院发给国立音乐院筹备委员萧友梅的关于所呈组织大纲的修订及一览表的指令。（上海音乐学院档案室藏）

吴伯超撰写的《国立音乐院成立记》，原载《音乐杂志》（国乐改进社）第1卷第2号（1928年2月）。

国立音乐院教务主任、代院长萧友梅

国立音乐院院长蔡元培

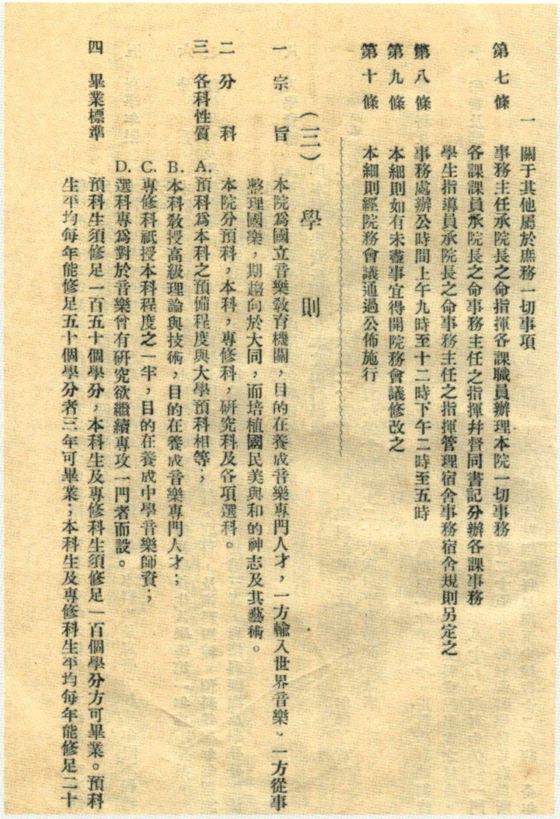

第七條　一　關于其他屬於庶務一切事項

事務主任承院長之命指揮各課職員辦理本院一切事務

各課課員承院長之命事務主任之指揮幷督同書記分辦各課事務

學生指導員承院長之命事務主任之指揮管理宿舍事務宿舍規則另定之

第八條　事務處辦公時間上午九時至十二時下午二時至五時

第九條　本細則如有未盡事宜得開院務會議修改之

第十條　本細則經院務會議通過公佈施行

（三）學則

一　宗旨　本院爲國立音樂教育機關，目的在養成音樂專門人才，一方輸入世界音樂，一方從事整理國樂，期趨向於大同，而培植國民美與和的神志及其藝術。

二　分科　本院分預科，本科，專修科，研究科及各項選科。

三　各科性質　A.預科爲本科之預備程度與大學預科相等；B.本科教授高級理論與技術，目的在養成音樂專門人才；C.專修科祇授本科程度之一半，目的在養成中學音樂師資；D.選科專爲對於音樂曾有研究欲繼續專攻一門者而設。

四　畢業標準　預科生須修足一百五十個學分，本科生及專修科生須修足一百個學分方可畢業。預科生平均每年能修足五十個學分者三年可畢業；本科生及專修科生平均每年能修足二十

《国立音乐院学则》（部分）

本院組織大綱

第一條　國立音樂院。爲國立最高之音樂教育機關。直轄於國民政府教育部。

第二條　國立音樂院設院長一人。總理院務。

第三條　國立音樂院設教務。事務。訓育三處

第四條　教務處設教務主任一人。由院長延聘之。總理全院教務。分理論作曲。鋼琴。小提琴及聲樂四系。每系設系主任一人。由教授或副教授兼任。專管本系課程及教務。

第五條　事務處設事務主任一人。總理全院事務。由院長延聘之。分文牘。會計。註冊。庶務。圖書。出版六課每課設課員及書記若干人。處理各課事務。

第六條　訓育處設訓育主任一人。由院長延聘之。管理全院學生訓育事宜。設男女學生指導員若干人。分任監察宿舍一切事務。

第七條　國立音樂院設教授。副教授。講師。助教。及導師若干人。由教務主任商承院長分別延聘之。

第八條　國立音樂院會議分三種

一　院務會議　以院長教務主任。事務主任。訓育主任各系教授。副教授。組織之。討議本院組織經費及其他關於全院重要事項。由院長召集之。

二　教務會議　以教務主任各系教授及副教授組織之。討議本院教務。審查學生成績。由教務主任召集之。但在本院各系未完全成立以前。得由教務主任邀請有關於討論事項之講師或助教臨時出席。

三　事務會議　以事務主任及各課課員組織之。討議本院一切事宜。由事務主任召集之。

以上三項會議　其議事細則另定之。

第九條　國立音樂院爲輔助教務處。事務處。各行政及計畫。得設下列各項委員會。

一　校舍計畫委員會。

二　審計委員會。

三　考試委員會。

第十條　本大綱呈請教育部核准施行。

《国立音乐院组织大纲》（部分）

緣起

國家音樂學院之設，世界各國，固已不少先例。卽在吾國，古代教育，禮樂亦與書數並重。秦火而後，樂經雖亡，而樂府，教坊，清商，和聲之設專署，歷代無闕。樂教之賴以一息僅存者，謂非由於此等專設機關之力不可也。自海通以來，西樂輸入，國內教育界乃益感於保存舊樂，創造新聲，非專設高等音樂教育機關，不足肩此重任。於是國立北京大學，女子高師，藝術專門等校，皆有音樂專科或音樂學系之設。中國音樂教育，至此乃創一新生命。然十六年度暑假，北京教育當局，合併國立九校之議起，而北大之音樂科，及藝專之音樂系，皆有被摧殘之勢。幸我國民政府大學院亦於是年十月成立於南京。仰賴當局之賢明，國立音樂院之擬辦計劃，得於是時通過。自是年十月間由財政部撥到開辦費後，卽由蕭友梅先生負責籌備，於十一月初間招攷新生，是月十六日先行上課，二十七日補行開學典禮。至是而中國前此未有之音樂院，遂得正式成立。

十七年度暑假，校舍遷至辣斐德路畢勛路今址，地境清幽，房屋整潔，允稱音樂教育之適當環境。暑假招生，投考者甚爲踴躍。惟以經費有限，學額無多，所收學生，僅專修科三十七人。選修科十五人。預科六人。然國外學生，及國內

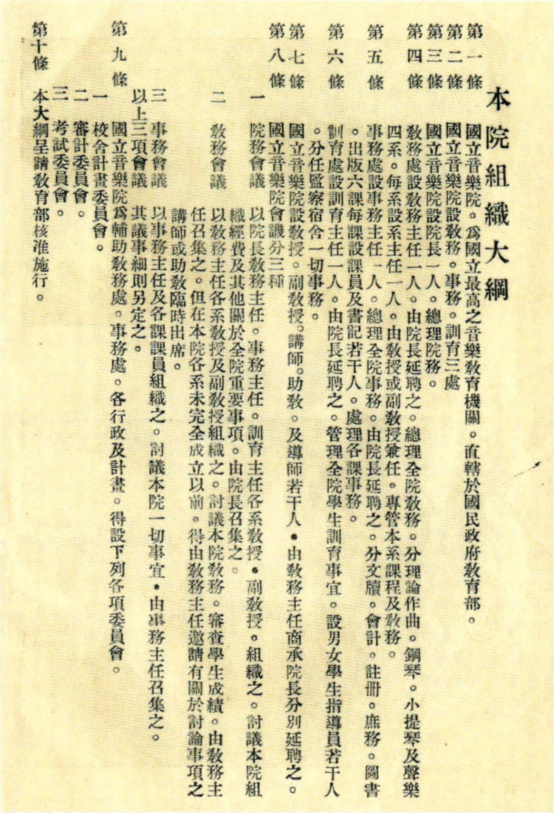

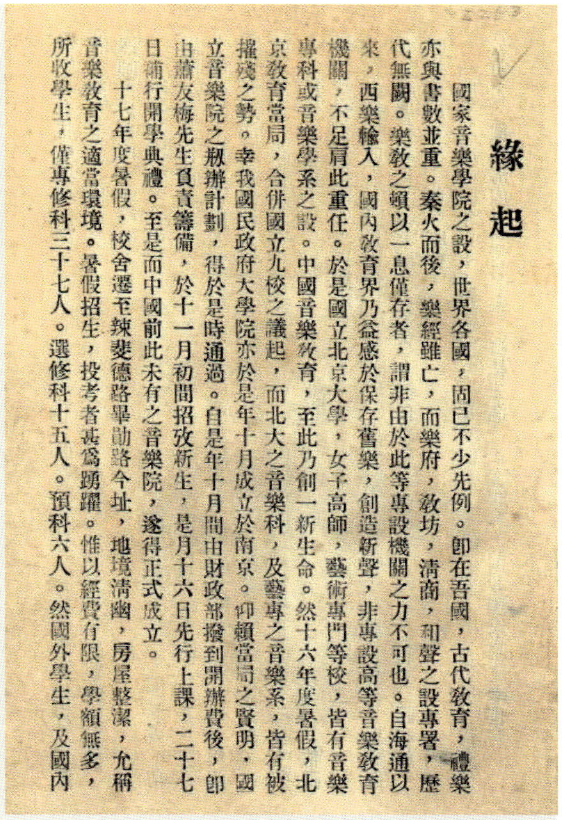

1928年11月出版的《国立音乐院一览》刊登了《缘起》一文（部分）

第六表

| 理論作曲主科課程（卽第三表5號） | 學分 |
|---|---|
| 甲　初級課程（見第一表表6,7,8,9,12,號） | |
| 乙　中級及高級課程 | |
| 1.　單對位法及複對位法 Simple and double counterpoints | 4 |
| 2.a. 配器法及實習 Instrumentation | 6 |
| 2.b. 國樂編製法（習此門功課者須修了配器法） | 4 |
| 3.　曲體學 Music-forms | 2 |
| 4.　和聲解剖及樂曲解剖 | 4 |
| 5.　賦格曲（Fuge）作法（習此門功課者須修了對位法） | 4 |
| 6.　指揮作曲實習（Couducting）（第五年） | 1 |
| 7.　自由作曲（從下列各項選作十五個學分）　合共 | 15 |
| | 40 |

甲）民歌每四闋（十二節以上無伴奏的）算一學分

乙）二部三部四部合唱曲每四闋（十二節以上無伴奏的）算一學分

丙）下列a b.c.d.各曲每一曲算一學分

(a)古舞曲或今舞曲

(b)進行曲

(c)無詞曲

（此三種至少須有四十八節）

(d)長歌曲一闋（三十二節以上曲調不在伴奏譜內者）

(e)大曲或細樂一套（Sonata or Quartet）算四學分

(f)引子（Overture）一闋算二學分

(g)音樂會曲（Concerto）一套算六學分

(h)大樂（Symphony）一套算八學分

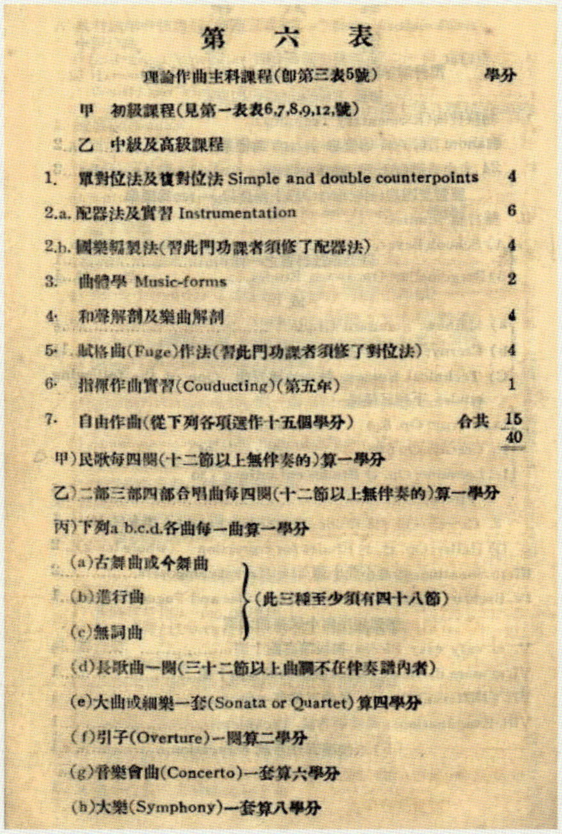

国立音乐院《本科理论作曲主科课程表》

第五表

專修科課程及學分分配法

| | 科目　系別 | 理論作曲 | 鋼琴 | 小提琴 | 聲樂 |
|---|---|---|---|---|---|
| 共同必修科 | 1.　公民學及三民主義 | 2 | 2 | 2 | 2 |
| | 2.　國文，詩歌，國音，作文 | 12 | 12 | 12 | 12 |
| | 3.　英文（譯讀，文法） | 24 | 24 | 24 | 24 |
| | 4.　普通樂學 | 3 | 3 | 3 | 3 |
| | 5.　和聲學 | 4 | 4 | 4 | 4 |
| | 6.　作曲法初步 | 1 | 1 | 1 | 1 |
| | 7.　合唱（本科的在內） | 4 | 4 | 4 | 4 |
| | 8.　視　唱 | 1½ | 1½ | 1½ | 1½ |
| | 9.　音樂領略法 | 1½ | 1½ | 1½ | 1½ |
| | 10.　寫譜練習 | 1 | 1 | 1 | 1 |
| | 11.　第一樂器（鋼琴或小提琴） | 20 | 20 | 20 | 20 |
| | 12.a. 理論主科（第六表） | 20 | 0 | 0 | 0 |
| | 12.b. 鋼琴主科（第八表A.） | 0 | 20 | 0 | 0 |
| | 12.c 小提琴主科（第九表） | 0 | 0 | 20 | 0 |
| | 12.d. 聲樂主科（第十表） | 0 | 0 | 0 | 20 |
| | 13.　第二樂器及各項選修科 | 6 | 6 | 6 | 6 |
| 合計 | | 100 | 100 | 100 | 100 |

◁注意▷ 表內1.至10號之內容與第一表預科課程相等，但學分計算法減半。

国立音乐院《专修科各系课程及学分分配表》

第二表

預科之選修科目（從第二年起）

| | 學分 | | 學分 |
|---|---|---|---|
| 1.　本國文學史 | 4 | 4.　哲學概論 | 4 |
| 2.　國學概要 | 4 | 5.　練聲 | 4 |
| 3.　社會學 | 4 | | |

第三表

本科各系課程及學分分配法

| | 科目　系別 | 理論作曲 | 鋼琴 | 小提琴 | 聲樂 |
|---|---|---|---|---|---|
| 共同必修科 | 1.　國文 | 4 | 4 | 4 | 4 |
| | 2.　詩，歌，詞，曲 | 8 | 8 | 8 | 8 |
| | 3.　音樂史 | 6 | 6 | 6 | 6 |
| | 4.　合唱 | 2 | 2 | 2 | 2 |
| | 5.　理論作曲主科 | （第六表）40 | 0 | 0 | 0 |
| | 6.　鋼琴主科 | （第八表）A.10-20 | （第八表）A B. 40 | （第八表）A.10-20 | （第八表）A.10-20 |
| | 7.　聲樂主科 | 0 | 0 | 0 | （第十表）40 |
| | 8.　小提琴主科 | 0 | 0 | （第九表）50 | 0 |
| | 9.　第二樂器 | 10-20 | 10-20 | 0 | 10-20 |
| | 10.　其他選修科 | 10-20 | 20-30 | 10-30 | 10-20 |
| 合計 | | 100 | 100 | 100 | 100 |

第四表

本科及專修科之選修科目

| | | | |
|---|---|---|---|
| 1.　理論作曲主科 | 1-20 | 6.　作歌實習（每十首算一學分） | 1-5 |
| 2.　聲學主科 | 1-10 | 7.　英文修詞學 | 4 |
| 3.　第二外國語（德文/法文） | 8-24 | 8.　美學 | 4 |
| 4.　第三樂器 | 4--20 | 9.　音樂教授法及實習 | 4 |
| 5.　合奏練習 | 1--4 | 10.　視奏練習 | 1-2 |

国立音乐院《本科各系课程及学分分配表》

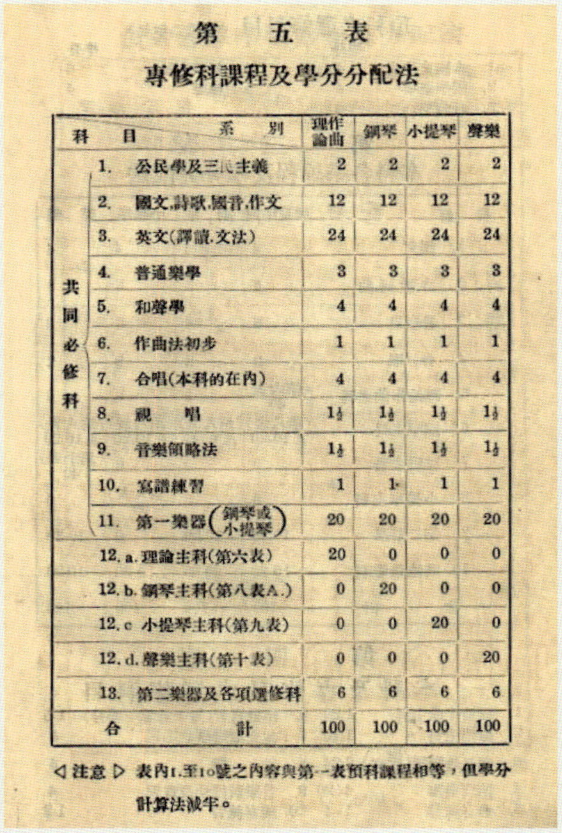

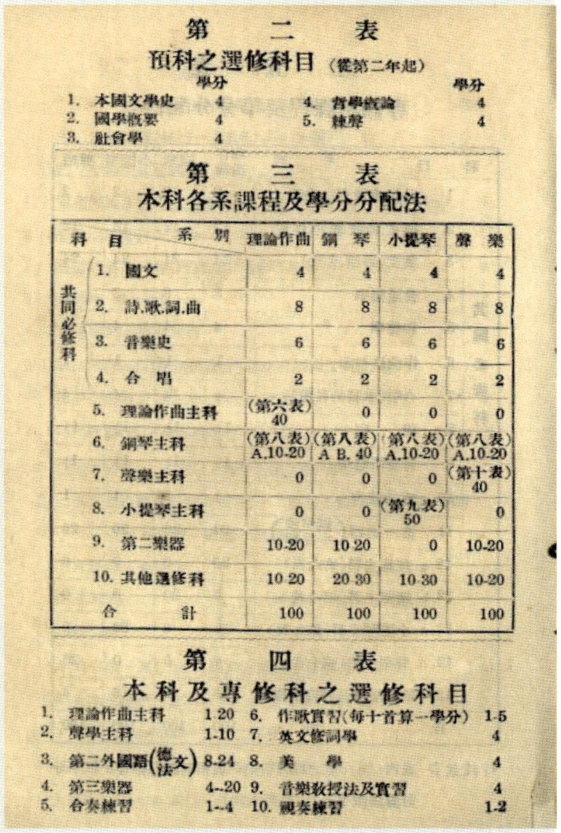

## 現任教職員一覽表

| 姓名 | 字 | 性別 | 籍貫 | 職別 | 擔任學科 | 經歷 | 通訊處 |
|---|---|---|---|---|---|---|---|
| 蔡元培 | 子民 | 男 | 浙江 | 院長 | | 美國萊比國大學博士 法國巴黎國大學博士 法國里昂大學文學博士 中央研究院院長 | 本埠法租界辣斐德路鑫源坊六十四號 |
| 蕭友梅 | | 男 | 廣東 | 教務主任 教授 | 教務法和略史 作曲學 | 日本東京帝國大學 德國來比錫大學 哲學博士 前北京女子高等師範學校音樂科主任 北京大學音樂傳習所教授兼教務主任 北京國立藝術專門學校音樂系主任 國立音樂院教授兼教務主任 | 本埠法租界辣斐德路辣斐坊二百四十三號 |
| 易韋齋 | 大厂 | 男 | 廣東 | 兼課教員 | 歌文詞詩 曲歌文 | 博學科樂詞科教授廣州廣雅書院 前北京大學音樂傳習所教授 北京國立藝術專門學校音樂系教授 初中華書局編輯員 初集樂歌集合編者 | 本埠英租界海甯路姚園六十三號 |
| 王瑞嫻 | | 女 | 廣東 | 講師 | 鋼琴英文 | 美國女子大學畢業 前北京女子高等師範音樂科教員 | 本埠英租界辣斐德路逢里一號 |
| 李恩科 | | 男 | 廣東 | 副教授 | 鋼琴 | 前北京女子高等師範音樂科教員 北京國立藝術專門學校音樂系教員 | 本埠辣斐德路辣斐里一百號 |
| 朱英 | 荇青 | 男 | 浙江 | 講師 | 琵琶 | 大同樂會會員 | 本埠施高塔路四維里一百號 |
| 杜庭修 | | 男 | 天津 | 主任指導員 | 禮俗唱笛 | 青年會音樂部 | 天津南開敦厚里一號 |
| 法利國 Mr. Ariigo Foa | | 男 | 意大利 | 講師 | 小提琴 | 意大利國立音樂院畢業 上海市政府工部局交響樂隊樂師 | 天津西開桃北路薄桴路十七號 |
| 佘磁夫 Mr. J. Shertzoff | | 男 | 俄國 | 講師 | 大提琴 | 彼德堡國立音樂院畢業 巴黎音樂院畢業 前北京國立音樂傳習所教員 | 本埠法租界蒲柏路Concert Terrace十一號 |
| 華勒 Mr. L. Waller | | 男 | 匈牙利 | 講師 | 音樂理論 | 前打虎斯國立音樂院樂隊教授 曾任北京國立音樂傳習所音樂教授 | 本埠法租界霞飛路一〇六號 |
| 湯姆士奇夫人 Mrs. Alla Tomsky | | 女 | 俄國 | 講師 | 聲樂 | 留學俄國音樂院 前北京音樂傳習所教授 | 本埠法租界霞飛路電話 |
| 呂維銓夫人 Mrs. E. Levitin | | 女 | 俄國 | 講師 | 鋼琴 | 曾得俄國立音樂院畢業 前北京女子大學教授 | 本埠霞飛路嘉禾里一四三 |
| 劉穗九 | | 男 | 江西 | 講師 | 國文文化史 | 前任加爾默多大學講師 | |
| 方于 | 衣谷 | 女 | 武進 | 講師 | 法文 | 法國里昂大學畢業 | 本埠辣斐德路七百二十四號 |
| 吳伯超 | | 男 | 武進 | 助教 | 鋼琴樂二胡學 | 北京大學音樂傳習所畢業 | 無錫南門外梅園萬桃橋 |
| 梁韻葵琴 | | 女 | 廣東 | 助教 | 女生指導 聲樂 | 高等師範畢業 | 新閘路五百零九號 |
| 潘龍若 | | 女 | 廣東 | 助教 | 女校英文 | 廣東女子中學畢業 | 江西路波斯德里六百零九號 |
| 蕭淑嫻 | | 女 | 廣東 | 助教 | 鋼琴學生指導員 | 北京女高等師範音樂畢業 | 本埠辣斐德路五百里三號 |
| 馮山夫 | | 男 | 江蘇 | 助教 註冊課員 | 國文 | 日本東京音樂 | 學校註冊課員 歌詠隊指揮 曾立第六回範學年音樂報公研究員 本埠立文德路師範巷三六十號 |
| 俞容成 | | 男 | 浙江 | 助教 庶務課員 | | 南京遠遊學堂畢業 理科庶務課員 | 崇明城內敦福里一千四百四十九號 |

## 學生姓名錄

預科

| 姓名 | 字 | 性別 | 籍貫 | 入學年月 | 系別 | 通訊處 |
|---|---|---|---|---|---|---|
| 蕭景櫻 | | 女 | 湖南 | 十六年十一月 | | 漢口濟生一馬路八元里四十八號 |
| 戴粹倫 | | 男 | 江蘇 | 十七年二月 | | 蘇州胥門外盛家帶 |
| 徐錫綿 | | 男 | 江蘇 | 十七年九月 | | 上海牛浦路會元里 |
| 陳又新 | | 男 | 浙江 | 全上 | | 江蘇溧水 |
| 丁善德 | | 男 | 江蘇 | 十七年二月 | | 崑山北城河岸二十五號 |
| 周樹民 | | 男 | 廣東 | 全上 | | 上海法租界勞神父路五堡里四號 |

專修科

| 姓名 | 字 | 性別 | 籍貫 | 入學年月 | 系別 | 通訊處 |
|---|---|---|---|---|---|---|
| 劉蕭樵 | | 男 | 四川 | | | 南昌進外東塔巷一百二十九號 |
| 姚慎 危初 | | 女 | 湖南 | | | 長沙順星橋第六號 |
| 胡徵 | | 男 | 湖南 | | | 長沙明德中等專 |
| 熊樂琴 | | 女 | 四川 | 十七年二月 | | 四川合川縣外 |
| 蔣風之 | | 男 | 江蘇 | 全上 | | 常州西門阜頭新建益巷 |
| 馮國文 | | 男 | 山東 | 全上 | | 山東郯城縣水沁村 |
| 李俊昌 | | 男 | 四川 | 全上 | | 四川省岳池縣 |
| 唐曉秋 | | 女 | 廣東 | 全上 | | |
| 洪潘 | | 男 | 福建 | 十六年十一月 | | 福建南安洋吉磴中學校轉 |
| 張立宋 | | 女 | 山東 | 全上 | | 山東城頭鎮水沿村 |
| 古憲嘉 | | 女 | 廣東 | 全上 | | 廣東 |
| 勞景賢 | | 女 | 廣東 | 十七年九月 | | 本埠海甯路粵秀坊二百八十七號 |
| 冼星海 | | 男 | 廣東 | 十七年九月 | | 本埠法租界克明路崙南分校 |
| 鄭志 | | 男 | 四川 | | | 四川廣安鄭氏宗祠 |
| 胡拯坤 | | 男 | 江西 | 全上 | | 江西 |
| 胡有融 | 岩 | 男 | 江西 | 全上 | | 江西 |
| 涂雲生 | | 男 | 安徽 | 全上 | | 安徽東鄉十二號 |
| 程雪暉 | | 女 | 四川 | 全上 | | 四川重慶縣廟鈞公益公 |
| 施絲年 | | 女 | 江蘇 | 全上 | | 松江東門內履和棧轉 |
| 勞沁心 | | 女 | 廣東 | 全上 | | 本埠英租界辣斐德路辣源坊四十二號 |
| 李獻敏 | | 女 | 廣東 | 全上 | | 本埠法租界勞神父路四二一號 |
| 魏沃 | | 男 | 福建 | 全上 | | 江灣立達院轉 |
| 姚興相 | | 男 | 江西 | 同上 | | 江西貴溪縣新田家村 |
| 陳振鐸 | | 男 | 山東 | 同上 | | 山東臨淄縣城北邵家園莊 |
| 陳怡 | | 女 | 浙江 | 同上 | | 本埠英租界愛文義路一千式百九十五號桃源邨 |
| 蕭琬恂 | | 女 | 廣東 | 同上 | | 無錫北門外姚保巷五號 |
| 王素 | | 女 | 江蘇 | 同上 | | |
| 林楷 | | 男 | 福建 | 同上 | | |
| 李文淑 | | 女 | 江西 | 同上 | | 江西狀炭威寶安路祥茂里二十八號福院 |
| 魏恩襲 紹裘 | | 男 | 四川 | 同上 | | 四川合川演武門內三堰右五福院 |
| 王潤槐 | | 男 | 安徽 | 同上 | | 四川合川北門外朱家巷 |
| 王壽封 | | 男 | 河南 | 同上 | | 本埠法租界拉都路曾茹雲里三十八號何中流 |
| 張恩裘 | | 男 | 浙江 | 同上 | | 河南開封北門外雙龍胡同 |
| 金華封 | | 男 | | 同上 | | 先生轉 |
| 常文彬 | | 男 | 山西 | 同上 | | 山西平定陽泉站保音公司 |

1928年11月出版的《國立音樂院一覽》上刊登的第一學年度的《現任教職員一覽表》和《學生姓名錄》(部分)

国立音乐院初始有教员十八人，萧友梅亲自讲授和声、作曲和音乐领略法。其他教员还有易韦斋（词学家）、杜庭修（留美，声乐专业）、王瑞娴（留美，钢琴专业）、李恩科（留美，钢琴专业）、朱英（平湖派琵琶大家）、吴伯超（北大音乐高等师范科毕业，钢琴、乐学、二胡）等，以及吕维钿夫人（Mrs. E. Levitin，圣彼得堡音乐院毕业，钢琴）、安多保（Antopolsky）、厉士图奇（Lestuzzi）、马尔切夫（Maltzeff）等四位外国教员。到1928年秋新学年开始时，学校除了增添了萧淑娴等中国教师外，又聘请了法利国（Arrigo Foa，米兰国立音乐院毕业，上海市政厅管弦乐团首席小提琴）、佘甫磋夫（J. Shevtzoff，圣彼得堡音乐院毕业，大提琴）、华勒（L. Waller，布达佩斯国立音乐院毕业，视唱）、汤姆士奇（Mrs. Alla Tomsky，圣彼得堡音乐院声乐教授）等外籍教员，大大增强了学院的师资力量，学额亦增至八十名。

国立音乐院时期的学生，不少后来都成为了中国音乐界的知名人物，诸如：预科学生戴粹伦、丁善德、陈又新；专修科学生张贞黻、洪潘、蒋风之、古宪嘉、郑志（后名沙梅）、冼星海、李献敏、劳景贤、劳冰心、陈振铎、张恩袭（后名张曙）、王笥香；选科学生裘复生；特别选科学生王濬恩（沛纶）；等等。

萧友梅没有学过小提琴，却编过一本《小提琴教科书》，其中选有贝里奥（Beriot）、马扎斯（Mazas）的数十首练习曲，于1927年的11月由商务印书馆出版。这是中国现代音乐史上第一本由国人编写的小提琴教材，萧友梅在该书《编辑大意》中指出，"小提琴技术繁难""它非如有键乐器之容易入手；习此器者，需有精锐之听觉"。

小提琴教员法利国

琵琶教员朱英

钢琴教员吕维钿夫人

钢琴教员萧淑娴

大提琴教员佘甫磋夫

钢琴、二胡教员吴伯超

国立音乐院成立不久，蔡元培便因公务繁忙，任命萧友梅为国立音乐院代理院长，主持校务。由于陶尔斐斯路的校址实在太小，第二年2月2日，学校就迁至霞飞路（今淮海中路）1090、1092号两座洋房，面积较原来有所扩大。春季新学期开学后，萧友梅主持国立音乐院的第一次院务委员会会议，议决校旗式样用希腊古琴式样，蓝底白花；院刊每月出版一次。除了学院的事务，萧友梅还身兼数职：他被大学院聘为译名统一委员会委员和教科图书审查委员会音乐图画手工体操组审查委员。

1928年5月3日，济南发生了日本侵略者残杀中国军民的"五三惨案"，国立音乐院师生义愤填膺，萧友梅及时主持出版了《国立音乐院特刊·革命与国耻》，发表了由他和师生们谱写的抗日歌曲共八首。在《弁言》中，萧友梅写道："这里的歌词，不是风花雪月、才子佳人，是我们的悲壮的叫喊。这里的曲谱，不是娱乐，不是游戏，是作战的武器。"其中《国耻》等三首歌曲，随后被当年成立的外交后援会编辑的反日宣传册《济南惨案》刊载；这份《国立音乐院特刊》同年10月刊登在国乐改进社主编的《音乐杂志》上。

1928年5月3日，日本侵略者在济南制造了骇人听闻的"五三惨案"后，萧友梅以炽热的爱国主义激情及时创作了《国难歌》《国耻》等歌曲。

1928年2月，学校迁址霞飞路（今淮海中路）校址。左为萧友梅，右1为吴伯超

在学院成立仅半年后的5月12日，萧友梅就亲自主持举行了第一次演奏会，这也是向社会的一次汇报。虽然学生们的水平不高，但还是展现了专业教育和训练的成果，让人折服。

教学、创作、著述齐头并进是萧友梅的一贯作风。他到上海后的第一本新著《普通乐学》1928年5月由商务印书馆出版。与一般乐理课本不同的是，该书不仅对乐谱、音程、音阶等基本乐理知识有详细解释，还对包括作曲理论如和声、对位、卡农、赋格、曲体（曲式）以至音乐的历史发展、音乐教育机关与演出等有关音乐的各方面都有扼要的叙述，堪称是一本音乐小百科书；而且书中刊有多幅有用的图表，能使学生遇到问题时很方便地找到答案。即使今天来看，此书依然是一本非常实用的音乐初级教材。

萧友梅深知一所大学必须要有自己的刊物。1928年夏秋，由蔡元培亲自题写刊名的《音乐院院刊》创刊号出版。蔡元培在《发刊词》中说："音乐院同人既日日研究此种丰富蓄变之理论与曲调，而藉以发达其创造之能力，又不肯私为枕中鸿宝，而以刊物发表之，其术固新，而于古人重视音乐之意，则正相契合也。"创刊号载有萧友梅的《古今中西音阶概说》，并在其后第2、3号连载，此文是继1920年10月萧友梅发表的《中西音乐的比较研究》之后又一篇运用比较音乐学的方法研究音阶的专题论文。

学院另一内部刊物《国立音乐院一览》于1928年11月出版。这是一本刊有本院组织大纲、学则和各种规章制度以及各科学分、学名与教职工名录等的学生用手册。

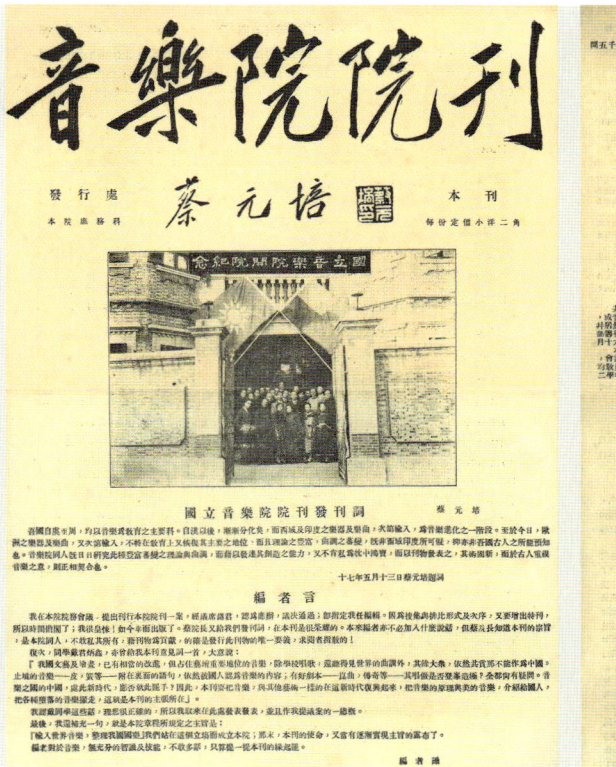
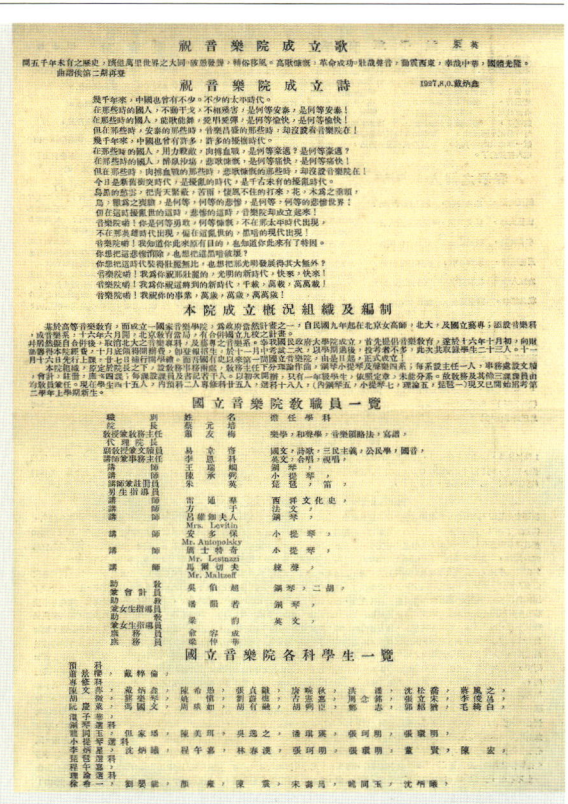

《音乐院院刊》创刊于1928年，蔡元培题写刊名并作发刊词。在第1、2、3号上，连载了萧友梅的《古今中西音阶概说》。

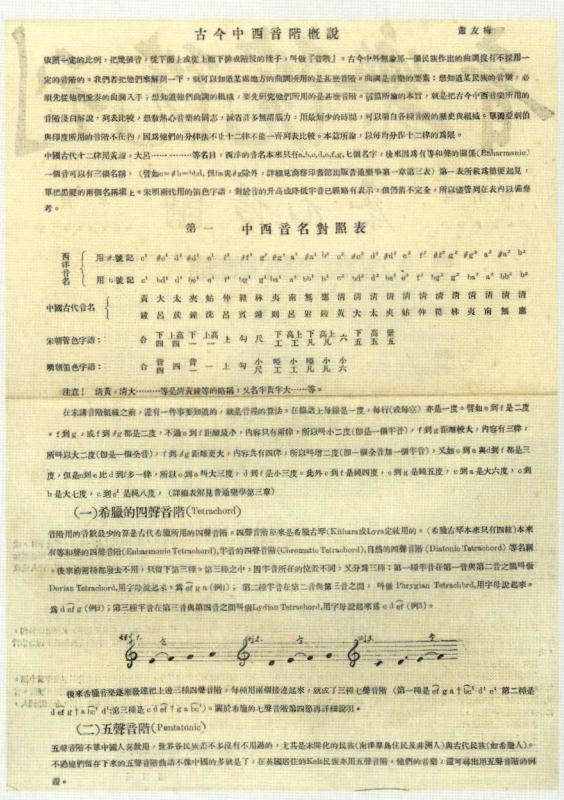

萧友梅为《音乐院院刊》创刊号撰写的《古今中西音阶概说》

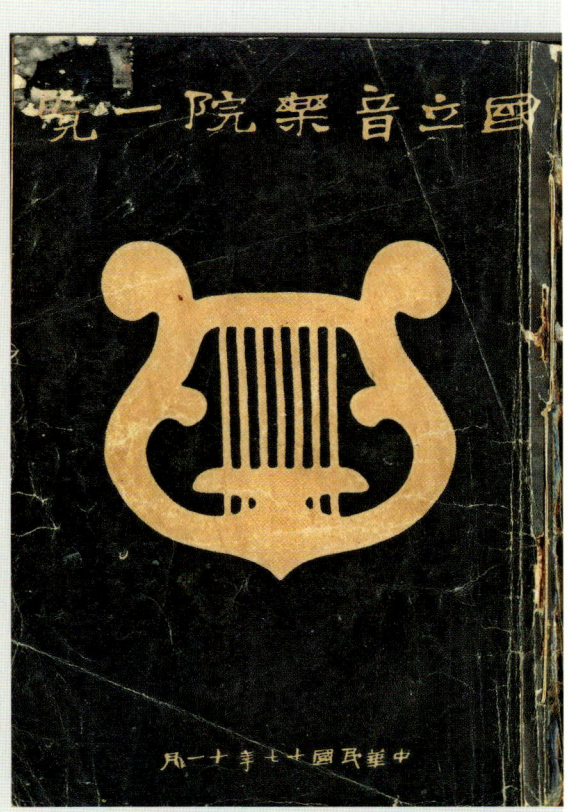

《国立音乐院一览》，1928年11月出版。

到了这年暑假，学校又迁至离霞飞路不远的毕勋路（今汾阳路）19号，并在附近辣斐德路桃源村另赁房屋六所作为男女宿舍，萧友梅住在64号。1928年9月新学年开学，录取的学生有张恩袭（张曙）、李献敏、陈振铎、劳景贤、丁善德、陈又新等。他们对引导他们入音乐之门的恩师萧友梅始终都怀有深深的感激之情。

张曙回忆道：萧友梅认为他嗓子天赋很好，建议他以声乐为主科，器乐、作曲为副科；张曙接受了萧友梅的建议，专业学习进展很顺利，获得了优异的成绩。

丁善德回忆："萧友梅亲自听了我的琵琶演奏，认为我虽然不会小提琴、钢琴，但琵琶演奏得很有乐感，因而表示满意。我就这样被录取了，成了该院早期的学生。"后来萧友梅根据丁善德的天赋，又将他推荐给查哈罗夫；丁善德发奋学习，成为了一位出色的钢琴本科毕业生。"作为他的学生，我感受最深的，还是他对学生深挚的帮助和殷切的希望，尤其是他那热切的爱才之心。"几十年后，丁善德依然对萧友梅的伯乐之恩念念不忘。

陈振铎回忆："我是个农村寒门弟子，竟考取了大都市的音乐院，担心读不起。入学后我抱着试探的心理，向萧校长反映了家庭的窘境。想不到他对我非常同情，马上批准我为工读生。萧校长待人十分和气，有事吩咐我去做时，总用亲切的口吻称呼我为'刘君'。平时工作的间隙也和我们聊聊天。要我学好乐器之外，还要学会作曲。"

1928年8月，学校又迁至离霞飞路不远的毕勋路（今汾阳路）19号。

学校在附近辣斐德路桃源村另赁房屋六所作为男女宿舍，萧友梅住在64号。图为桃源村今貌。

洪潘回忆:"萧先生在国立音乐院时期,不但要事无巨细地处理全院的行政、教务工作……还担任教学工作,几乎全院学生的理论、作曲等课程都是由他讲授的……我跟他学和声、曲体等课程,曾亲身体会到他那严肃认真的工作作风和严谨的治学态度。"

1928年9月开学之际,国民政府大学院正式任命萧友梅为国立音乐院院长(大学院623号令)。"对这一任命,萧友梅辞不受命,院长一席一直虚悬在那里。他认为问题在于实做,什么名义是不必计较的。"(廖辅叔:《萧友梅传》)萧友梅先后两次提出不再担任国立音乐院代院长一职的辞呈,均未获准。教育部在11月13日为萧友梅第二次提出辞职之事所发第110号公函称:"……贵代院长艺术深邃,素所深仰,筹划院务,夙具热心,经费困难之处,一俟新预算核定,即有办法,尚希勉为其难,始终维持,至纫公谊。此致代音乐院院长。"

《国立音乐院院歌》,易韦斋作词,萧友梅谱曲。

1928年11月26、27日，国立音乐院在上海青年会举行成立一周年师生音乐会。对于音乐院校学生不可缺少的艺术实践及为社会服务，萧友梅延续了北京时期的办学理念，即十分重视学生演奏会和公开音乐会，而且建立了相当规范的音乐会演出制度基础。学校的各种演出活动，无论在怎样艰难的形势下，始终坚持举行，这不但锻炼了学生，更重要的是为社会和广大市民提供了能陶冶情操、鼓舞斗志的演出。《国立音乐院一览》也在院庆周年之际出版。

孙中山先生于1925年3月12日在北京逝世后，灵柩暂放西山碧云寺石塔中。1929年6月1日，南京举行奉安大典。曾是孙中山秘书员的萧友梅，义不容辞地写下了二部合唱《总理奉安哀辞》。此曲在奉安大典期间，曾在各大报刊多次登载。

1929年3月，为唐朝诗人张若虚的词谱写四部合唱曲《春江花月夜》。《音乐院院刊》第2号（1929年6月1日出版）以院刊附刊的方式发行了该曲。作品以合唱、独唱等手法以及调性变化，刻画了春江花月夜的美景。

1928年3月15日，在国民党召开的中央常务会议上，于右任提议以《礼记》中"大道之行也，天下为公"至"故外户而不闭，是为大同"一则，作为《公乐歌》或名曰《天下为公》乐歌。易韦斋据此"拟调"（即谱曲），萧友梅"和声正拍"（即编配伴奏、确定曲调节拍），1928年7月由良友图书印刷公司出版。1935年此歌又以《孔子纪念歌》被选入《复兴民族歌曲选编》发表。

这首《总理奉安哀辞》，据考证，当作于1928年11月至1929年3月间（见黄旭东、汪朴编《萧友梅编年记事稿》，第253—254页）。此曲未署作者名，现以缩微胶片形式存于中国艺术研究院音乐研究所藏萧友梅音乐作品遗稿档案中，由此判断为萧友梅所作；而且其歌词与旋律与1929年孙中山奉安大典期间报刊所载简谱版《总理奉安哀歌》相同，因此可断定此曲即孙中山奉安大典所用曲。

国立音乐院成立一周年纪念，1928年11月27日摄于毕勋路校园。

1929年5月10日，国民政府教育部聘萧友梅等十四人为教育部编审处名誉编审，萧友梅还被聘为编审处译名委员会委员。1929年6月1日，《音乐院院刊》第2号刊登《国立音乐院院刊编辑委员会章程》，规定院刊为月刊，每月发行一次。

1929年暑假前，由于部分学生要求暑假住校，而学校的宿舍是租来的，校方由于经济困难，规定住校者须交一定费用。有些家境贫寒的学生要求学校酌量予以减免。按萧友梅的为人，这样的事情本来通过协商是不难解决的。不幸的是有少数别有用心者故意激化矛盾，企图借以改变学校的局面，因而引起了属非政治性的所谓"学潮"。其时恰值南京政府公布《专科学校组织法》，音乐院因而将降格为音乐专科学校。此消息顿时引起音乐院师生情绪波动，某些人趁机扩大"学潮"态势，提出组织护院会，鼓动学生去南京请愿，并将"护院"与"倒萧"联在一起。

为此，1929年6月20日，萧友梅向南京教育部提交第三次辞代院长职务以及教务主任的呈文。但是南京教育部并没有批准他的辞职。尽管面对学院如此糟糕的局面，萧友梅仍心系学校前途，于7月20日就教育部拟将国立音乐院改组为专科学校之事致函立法院院长、同盟会的挚友胡汉民，希望能保留国立音乐院。然胡汉民回复"查大学组织法早经本院通过"。7月25日，教育部训令国立音乐院暂行停办，派出改组委员会，并函请萧友梅等为音乐院改组委员。

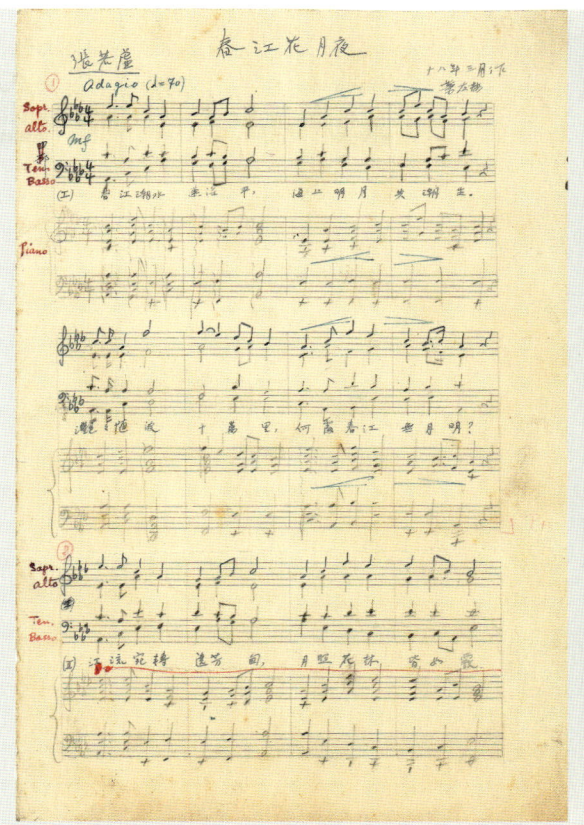
《春江花月夜》手稿，作于1929年3月。（上海音乐学院图书馆藏）

作为院刊第二号附刊发行的《春江花月夜》封面

国立音乐院全体师生摄于1928年冬。第二排左2为冼星海。（上海音乐学院图书馆藏）

8月14日，教育部以大学组织法无设艺术学院的规定为理由，训令北平大学艺术学院改组为国立北平艺术专科学校，杭州国立艺术院改组为国立艺术专科学校；上海国立音乐院则改组为国立音乐专科学校，校长由萧友梅担任。

这次"学潮"对萧友梅的冲击相当沉重。他痛心的不是部分学生的感情冲动，而是一些同事竟然煽风点火，差点把音乐院这棵幼苗连根毁掉。"岂能尽如人意，但求无愧我心。"他挂在自家客厅的一副篆书对联，似乎很能表明他当时身处逆境的心理状态。萧友梅自觉身心交瘁，请假休养了一段时间，但是他的身体再也没能恢复到原来比较健康的状态。

国立音乐院从创建到改组，存在仅一年零十个月，但在蔡元培的支持和萧友梅的主持下，在组织、教学、管理等各方面均已走上正轨，教学成绩斐然，尽管如此，仍未能逃脱降格的厄运。对于此事，后来萧友梅曾感慨地写道："可惜有教育实权的诸公知道近代欧美音乐专门教育情形的还是太少，所以国立音乐院成立不到两年之后又改组为国立音乐专科学校，不能照最初核准的预算逐渐增加，反把地位降低一等，这就可以证明对于音乐专门教育，近来尚未容易多得实在内行的人。"无论如何，国立音乐院是我国近代第一所专业音乐高等学府，它的创立，在中国音乐教育史上具有划时代的意义。

《音乐院院刊》第3号（1929年7月1日）刊登了冼星海的文章《普遍的音乐——随感之四》

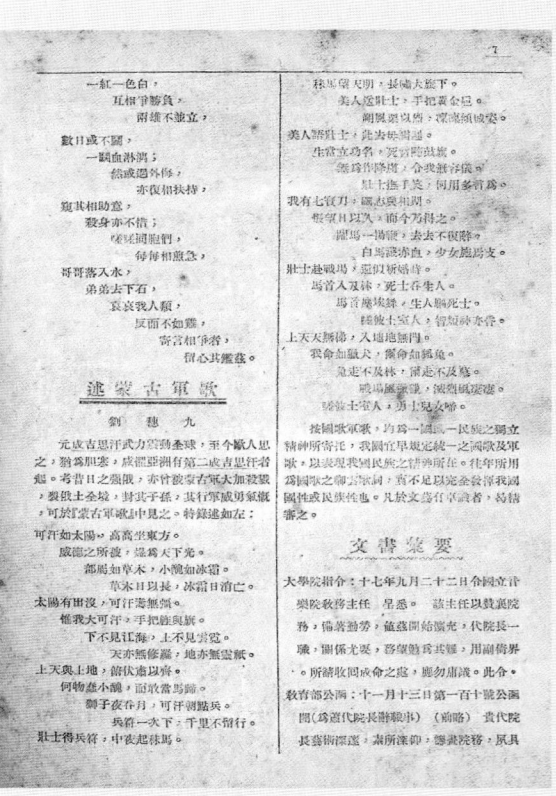

《申报》1929年7月26日刊登国立音乐院停办的消息

《音乐院院刊》第3号（1929年7月1日）《附录》中刊登萧友梅向教育部部长提出第三次辞呈的原文

《音乐院院刊》第3号（1929年7月1日）《文书汇要》中刊登了大学院、教育部对萧友梅两次提出辞去代院长之职的答复

# 第六章　呕心沥血，献身事业
## ——国立音乐专科学校时期（上）（1929—1935）

自从"学潮"和国立音乐院降格为专科学校已成既成事实后，萧友梅内心受到很大打击，又积劳成疾，于是趁暑假之际去莫干山作短期疗养。其间写了十多首诗，以抒发心中之郁闷。在《莫干山歌（之二）》中他写道："世途渺难测，亦如莫干山之泉与云，处世无警惕，不如归隐于山林。"在《述怀》中又这样表示："我为音乐心力尽，中途宁可一牺牲！他日未必无时会，愿随诸公再力争。"从这些诗句中可见先生心中之矛盾；其间又给友人谢济生写信，要他请教育部不再发聘书给他。

1929年8月20日，国立音乐院正式改组为国立音乐专科学校，教育部部长蒋梦麟签发委任状，复聘萧友梅为校长兼教务主任。9月30日，改组后的国立音专举行开学典礼，全校师生及来宾七十余人参加。蔡元培在致辞中说：至音乐界之地位，原超然处于一切利害之外，艺术家而不能以牺牲之精神律己，即不能为真正之艺术家……此后无论教职员，尚望雍雍穆穆，以和字为修身求学不二之方，则不第所学可望有成已也。校长萧友梅在讲话中，对大家关心的学校改名问题，以欧美日本等国学制中的"院""学院""专门学校"的区别为例作了比较清楚的申说。

1929年8月20日，国立音乐院正式改组为国立音乐专科学校，萧友梅任校长兼代教务主任。

1929年秋季，国立音专开学师生全体照（于毕勋路19号）。

按教育部公布的《专科学校规程》，专科学校"以教授应用科学养成技术人才"，修业两年至三年，学生入学资格为高中或同等学校毕业或具有同等学力经入学试验及格者。但实际上，国立音乐专科学校在建制上仍设有本科，附设师范科。本科分理论作曲、钢琴、提琴、声乐四组（专科学校不设系）。在修业年限上，本科从音乐院的五年缩短为至少三年，须修足100学分。这实际上是有相当难度的，十年间国立音专能做到的，也只有李献敏（本科两年毕业）、丁善德（本科四年毕业）、戴粹伦（本科四年毕业）、胡然（本科三年半毕业）、陈又新（本科师范转本科三年毕业）等少数出类拔萃的学生。所以1937年萧友梅在《十年来音乐界之成绩》一文中说："十年来各校音乐毕业生人数……总计约三百五十人。但查其中习完高级技术毕业者只有八人（李献敏、裘复生、丁善德、戴粹伦、叶怀德、胡然、F. Sakharova［萨哈罗华］、H. Gora［过拉］），其余不过修了中级技术或师范科之功课。"到1930年度，经教育部核准实施的国立音专组织大纲中，还增设了研究班，像李献敏、裘复生、叶怀德都是进过研究班的，可见音乐学校之特殊性；当然，国立音专拥有国内最高水平的专业教师也是能获准设研究班的重要因素。

国立音乐专科学校1929年学则　　国立音乐专科学校1929年组织大纲

李献敏，主科钢琴

裘复生，主科钢琴

丁善德，主科钢琴

戴粹伦，主科小提琴

喻宜萱，主科声乐

胡然，主科声乐

萨哈罗华，主科钢琴

过拉，主科钢琴

萧友梅坚定地相信"唯有名师方能带出高徒"。因此他充分利用当时上海的有利条件，设法聘请最好的专业教师，组成了一支实力雄厚的教师队伍。最典型的例子是原俄罗斯圣彼得堡音乐院钢琴教授鲍里斯·查哈罗夫（Boris Zakharoff），他是旅行演出到上海后留下来的，一开始拒不接受萧友梅的邀请，认为中国学生水平太低，后经萧友梅"三顾茅庐"，一再恳请，才终于答应。萧先生也以人才难得，对查氏倍加礼遇，以月薪280元（一般教授月薪为200元）聘他为专任教员（相当于教授）兼钢琴组主任；后查哈罗夫愿意多教学生，于是月薪增加到400元，与校长相同。其他教员有小提琴组主任法立国（又称富华），大提琴组主任佘甫磋夫，声乐组主任周淑安（美国拉德克利夫学院、新英格兰音乐院、康奈尔大学音乐院毕业），钢琴教员欧萨可夫（S. S. Aksakoff，莫斯科国立音乐院毕业）、吕维钿夫人、皮利毕可华夫人（Mrs. Z. Pribitkova，圣彼得堡国立音乐院毕业），钢琴与声乐教员华丽丝夫人（Mrs. E. Valesby，柏林国立音乐大学毕业），声乐教员施拉维诺华夫人（Mrs. N. Slavianova，圣彼得堡国立音乐院毕业），长笛教员史丕烈（A. Spiridonoff，圣彼得堡国立音乐院毕业、上海市政厅乐队长笛师），小提琴和中提琴教员介楚斯奇（R. W. Gerzovskey，上海市政厅乐队中提琴师），双簧管教员舒怀可斯奇（上海市政厅乐队双簧管师），声乐教员苏石林（Vladimir Shushlin，圣彼得堡国立音乐院毕业、歌剧演员），声乐教员应尚能（美国密歇根大学音乐院音乐学士），琵琶教员朱英，练声和合唱教员舍利凡诺夫夫人（Mrs. Selivanoff，俄国奇野夫音乐院毕业），以及1934年9月到校的钢琴教员拉查雷夫（B. Lazareff，圣彼得堡帝国音乐院毕业，俄国钢琴教授），1936年9月到校的声乐教员兼声乐组主任赵梅伯（比利时布鲁塞尔国立音乐院毕业），1937年9月到校的小提琴教员黎扶雪（Livshitz，圣彼得堡音乐院毕业）等，他们均为国内能请到的最好的音乐家。事务主任兼法文教员沈仲俊是法国文学士、中山大学法文教授；教国文和诗歌的易韦斋是精通诗词的著名学者；接替他的龙沐勋（龙榆生）是暨南大学中国语文学系教授、日后的词学大师。校刊、《乐艺》季刊主编黎青主是柏林大学法学博士兼作曲家。

教务主任黄自

事务主任沈仲俊

钢琴组主任查哈罗夫

小提琴组主任法立国

大提琴组主任佘甫蹉夫

声乐组主任周淑安

理论作曲组主任李惟宁

声乐组主任赵梅伯（1936年度起）

声乐教员苏石林

黄自1929年8月归国后，被上海沪江大学聘为教授，萧友梅得知后即将他请来作兼任教员，教授音乐史、和声、作曲和领略法（即音乐欣赏），翌年即聘他为教务主任和专任教员，教授几乎所有的理论作曲课程。黄自借鉴欧美音乐院校的教学制度，制定了正规、严格的教学大纲和课程设置，襄助萧友梅共理校政，成为萧友梅的得力助手，使国立音专成为与欧美接轨的亚洲一流高等音乐专科学校。

国立音专强大的师资队伍，为我国培养出了一批又一批现代音乐家和音乐教育家，他们中的许多人，后来都成为中国现代音乐发展的重要力量。萧友梅的远见卓识、正规办学和严格要求，成就斐然，贡献卓越。

钢琴教员欧萨科夫　　琵琶教员朱英　　声乐教员应尚能　　国文、诗歌教员龙榆生

钢琴教员皮利华可必夫人　　钢琴、声乐教员华丽丝夫人　　钢琴教员吕维钿夫人

长笛教员史丕烈　　小提琴、中提琴教员介楚士奇　　声乐教员施拉维诺华夫人

廖尚果1912年至1922年在德国留学,获柏林大学法学博士学位,1922年回国。1928年4月,他因在广州遭国民党政府通缉而"流亡"到上海(因此而改名"青主"),不久找到萧友梅,受到时任国立音乐院教务主任、代理院长的萧友梅热情相助,聘青主为国立音专校刊《音》、季刊《乐艺》的主编和音专丛书的编辑主任,并聘其夫人华丽丝在音专任教,就此不仅解决了他们一家的生计,也成就了青主这位杰出的作曲家和音乐理论家(尽管青主的这段经历很短暂)。在这安定的环境中,青主发表了大量音乐文章,出版了著作《乐话》《音乐通论》,与夫人华丽丝合作创作了歌曲集《音境》,其中就有《我住长江头》这样的不朽名曲。

萧友梅十分赏识青主的才华,他对青主写于1920年的歌曲《大江东去》(1928年出版)赞不绝口:"看他不怕挨骂,用种种崭新的和弦,描写苏东坡的追想中所见的种种景象,他的魄力可以跟Liszt比拟……即使东坡复生,我想亦不能像青主君这样用声音把他的词意表现出来。"在1930年为青主的诗集《诗琴响了》编入"国立音乐专科学校丛书"而作的《国立音乐专科学校发刊诗歌旨趣》中,萧友梅则阐述了音乐与诗歌的关系:"音乐和诗歌是有一种极密切的关系。学作曲的人不懂得诗歌,怎能够创作歌剧和乐歌?研究声乐的人不懂得诗歌,又怎能够把诗歌的灵魂,依照诗人的意旨,用你的声音演唱出来呢?就一个研究器乐的人,亦非懂得诗歌不可,因为器乐是免不了要和声乐合作的。一个学钢琴的人,不是很应该学习乐歌的伴奏吗?如果你是诗歌的门外汉,那么,你的伴奏怎能够和唱歌人的艺能和合为一呢?因为这种种缘故,所以国立音乐专科学校特设有诗歌一科。"

[注:华丽丝(Ellinor Valesby,1894—1969),原名茵嘉·海因里希(I. Heinrich),1921年在柏林与廖尚果结婚。1922年廖尚果回到广州后,1926年7月,华丽丝携女儿廖玉玑到广州。不久,廖尚果遭国民党通缉,于1928年4月逃至上海,华丽丝母女随后到沪。1929年春起,华丽丝改名Ellinor Valesby,在国立音乐院教授钢琴和声乐。1935年8月离开国立音专。1951年初赴阿根廷与女儿居住。华丽丝对德奥艺术歌曲有研究,曾为国立音专学生介绍奥地利作曲家沃尔夫(Hugo Wolf,1860—1903)的艺术歌曲。以中国诗词为歌词创作艺术歌曲约20首。]

萧友梅于1929年12月11日为青主的《乐话》所作的《序》

萧友梅于1930年3月19日为青主的诗集《诗琴响了》所作的《国立音乐专科学校发刊诗歌旨趣》

20世纪二三十年代,青主(左1)与胞弟廖辅叔、德籍妻子华丽丝和女儿廖玉玑摄于上海格罗希路(今延庆路)6号小花园中。

萧友梅的《和声学》,1932年8月出版,"国立音乐专科学校丛书"之一。

国立音乐院改组为国立音乐专科学校后，校刊也相应改为《国立音乐专科学校校刊》，第3期起取名《音》，至1937年11月共出64期。同时，《国立音乐院一览》也改名为《国立音乐专科学校一览》。该"一览"从1927年建院至1937年11月共发行了七册。由国立音乐专科学校乐艺社主编的学术刊物《乐艺》第1卷第1期（1930年4月1日）由商务印书馆印刷出版，至1931年7月共发行6期。这是我国最早的高等音乐院校的学报。萧友梅在《发刊词》中提到，舒曼在担任《新音乐杂志》主编时"非常地鼓励奖掖后起者"，如肖邦、勃拉姆斯等；继而联系到《乐艺》："事在人为，只怕不做，努力向前，人有良好的榜样给我看，我们拿来督励自己……又不仅是办这一个初生的小小杂志如此，大约是无论办什么事都应如此吧。"

这些刊物，是萧友梅为国立音专留下的宝贵财富，为后人研究国立音专、研究中国近现代音乐史留下了一份极为珍贵的文献。

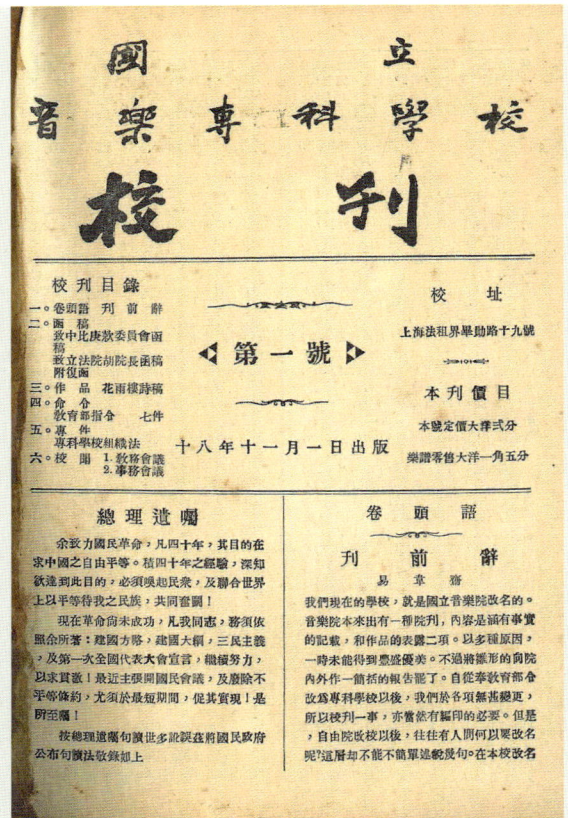

《国立音乐专科学校校刊》第1号，1929年11月1日出版。

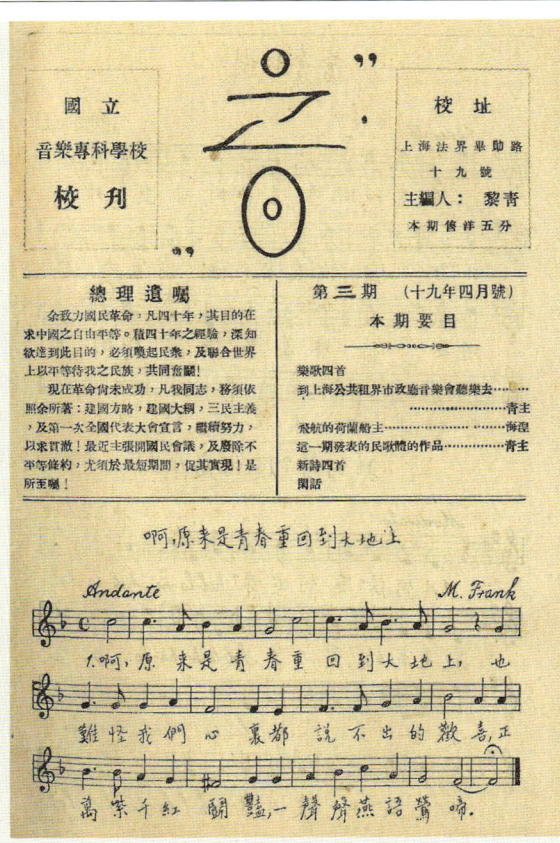

国立音乐专科学校校刊《音》第3期，1930年4月出版。

国立音专出版、青主主编的季刊《乐艺》，1930—1931年共出版6期。

《国立音乐专科学校五周纪念刊》，1933年出版。

1930年5月26日，国立音乐专科学校第一届学生音乐会在上海的美国妇女俱乐部成功举行后，萧友梅与师生们合影。

### 本校第一届学生音乐会　萧友梅

此次本校教员提议，由各班选出代表者数人，组织第一届音乐会，藉以表示本学年之成绩。开会之后虽然颇得各界的赞许；但是我们对于人家称赞我们的话，只可以当作客气话，就好了。因为艺术的标准是没有一定的，艺术的进步是无止境的。第一次的成绩虽然大体看来是不错，但是我们不能说：这回的演奏算达到最高点。我们要努力前进，必定要下一次的成绩比这一次的更好，才可以尽我们当教员当学生的义务。因为艺术家如果注重『虚荣』两个字，就如同把自己的死刑宣告了一样了。兹将秩序单及各报的记载抄录于下：

《音》第五期刊登了萧友梅撰写的短文《本校第一届学生音乐会》，文中告诫学生："我们要努力前进，必定要下一次的成绩比这一次的更好，才可以尽我们当教员当学生的义务。因为艺术家如果注重'虚荣'两个字，就如同把自己的死刑宣告了一样。"

音乐会秩序单

从北大音乐传习所到国立音乐院继而到国立音乐专科学校，萧友梅始终重视学生或师生的音乐会演出，其目的无非有二：一是学生必要的实践，二是为社会服务。1930年5月26日，国立音专第一届学生音乐会在静安寺路美国妇女俱乐部举行。节目有周淑安指挥的女声合唱及四部合唱、丁善德的琵琶独奏、张恩袭的男声独唱、谭抒真的中提琴独奏、戴粹伦的小提琴独奏、李翠贞的钢琴独奏、喻宜萱的女声独唱等等。音乐会得到了媒体的好评，上海的《时事日报》、俄文《言报》等报刊均予以及时报道。萧友梅在《音》第5期发表《本校第一届学生音乐会》一文告诫学生："艺术的进步是无止境的。第一次的成绩虽然大体看来是不错，但是我们不能说这回的演奏算达到最高点。我们要努力前进，必定要下一次的成绩比这一次的更好，才可以尽我们当教员当学生的义务。因为艺术家如果注重'虚荣'两个字，就如同把自己的死刑宣告了一样了。"

萧友梅利用一切机会宣传音乐教育的必要性、重要性和特殊性。在1930年由上海商务印书馆出版发行出版的《教育大辞典》中，萧友梅在词条"音乐教学法"中写道："音乐教学法乃教学法中最困难者，倘无专门的修养与特别的联系而只照书中记载实行之，未必能得美满之结果。盖音乐本身已是艺术，音乐教学法则尤为术中之术。苟明事理，当知此中实有非纸笔可以说明之处，况本条既非专属又限于篇幅乎。著者只有用提纲挈领之法，对本条分别为声乐教学法，乐理教学法及乐器教学法三种论之，每种更分若干项，依学生之程度与年龄遇必要时每项更注明初小、高小或中学应如何教学，俾从事斯道者有所参考。"该词条长达四千余字，从中可见萧友梅为音乐教育呼吁、呐喊的一片苦心。

1929年秋，萧友梅带领国立音专师生去南京演出时在燕子矶留影。

1931年5月16日，国立音专假座美国妇女俱乐部举行第二届学生音乐会。

"国立音乐专科学校丛书"是萧友梅策划并坚持实行的提高学校办学层次的又一重要举措,也是我国最早由音乐高等学府创作、编辑出版的教材类丛书。该丛书从类型上可以分为音乐基本理论、音乐史、声乐(独唱和合唱,名曲和创作作品)、钢琴(创作的练习曲和乐曲)、大提琴(教材、名曲、创作作品)、国文、散文与诗歌等,集中展现了国立音专教师的学术成果。在国内西洋音乐教材奇缺的20世纪三四十年代,这些书谱的出版,对上海乃至中国的音乐教育发挥了很大作用,其中一些著作和作品,如萧友梅的《普通乐学》《和声学》,齐尔品的《五声音阶的钢琴教本》,佘甫磋夫的《大提琴教科书》以及名曲选编等,都是非常优秀的音乐教材,有些直至今日仍被使用;黄自的《春思曲》《玫瑰三愿》《思乡》,青主的《我住长江头》等创作歌曲更已成为今天常被演唱的经典;而龙沐勋的《中国韵文史》则得到当代学术界高度评价,已经重新出版。

这套丛书,据现已找到的统计,共31种34册,出版时间从1928年至1942年,绝大多数由商务印书馆印刷出版。

萧友梅的《普通乐学》由商务印书馆于1928年5月出版,是"国立音乐专科学校丛书"的第一种。

易韦斋作词,萧友梅作曲的歌曲《杨花》,1930年6月列入"国立音乐专科学校丛书"出版。

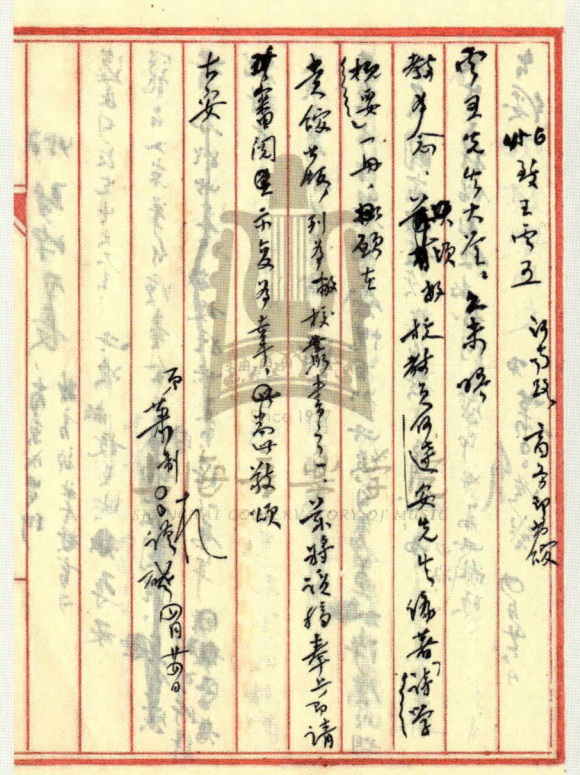

1940年4月24日,萧友梅致商务印书馆王云五先生关于将国立音专教员何达安编著的《诗学概要》列为学校丛书之一出版的函。(上海音乐学院档案室藏)

"国立音乐专科学校丛书"中还有黄自的《爱国合唱歌集》(1934年12月出版),其中包括《抗敌歌》《旗正飘飘》。

1931年，萧友梅在发表于《乐艺》第1卷第4号的《对于大同乐会拟仿造旧乐器的我见》上表明了自己的观点。他认为仿造旧乐器不能说就是"整理国乐"，只可说是"仿造古董"，于国乐本身没有丝毫的利益。而整理国乐，首先要看纯粹由本国人发明的乐器是否都有改良整理的价值，还要决定选择的标准，决定的手续，改良的进行程序，等等。文章最后引用孔子所说的"知之为知之，不知为不知，是知也"这句话，勉励大家以此作为"我们研究学问的原则"。

《乐艺》第1卷第5号又刊登了萧友梅的《中国历代音乐沿革概略（上）》。文章包括《上古时代关于音乐的记载》和《周代的乐官制度与音乐教育》两章。文章开头写道："一部完全的音乐史，至少要有下列七项记载……1. 音阶的组织，2. 乐器的音域与构造法，3. 乐曲、歌曲的组织，4. 记音法与乐谱的组织，5. 音乐理论的变迁，6. 音乐教育机关与音乐教授法，7. 音乐家传记。"为了弄清中国音乐"为什么不能与世界各文明的音乐并驾齐驱"的原因，先要有一种正确的眼光。而"想有这种正确的眼光，首先要把西方的音乐理论、音乐史彻底地研究一下，方才有把握可以达到目的"。

1930年秋季，国立音专在法租界毕勋路19号开学。

1932年5月28日，国立音专第三届学生音乐大会留影。

1931年4月，为谋求文学界与音乐界的结合，创作新体歌词以供谱曲，萧友梅与龙沐勋等发起，以音专同人为主成立歌社，其《宣言》明确地指出成立歌社的宗旨在于"从事于新体歌词之创造，以蕲适应现代潮流"。《宣言》在从形式和内容两方面分析了旧体词的缺点后，郑重宣告："吾辈为适应时代需要而创作新歌，为适应社会民众需要而创作新歌，将一洗以前奄奄不振之气，融合古今中外之特长，藉收声词合一之效，以表现泱泱大国之风。"歌社成立后，在学校刊物《音》上以《歌材》和《歌录》为名设立专栏，发表了大量新诗歌，也许算是我国近代发表歌词的最早的专刊，在当时发挥了较好的作用。

1931年8月，学校不得不第三次搬家，迁至辣斐德路（今复兴中路）1325号。开学后不久，东北发生"九一八"事变，萧友梅出席了在校礼堂举行的"国立音专抗日救国会"成立大会，并当场捐款二十元。萧友梅还让人把日本当年强迫袁世凯签订的吞并中国的二十一条写成横幅，挂在学校显眼的地方，作为警示。他自己率先创作了抗日歌曲二部合唱《从军歌（为义勇军作）》（骆凤麟词），此歌刊于1931年9月浙江省国民党党部编印的《抗日救国歌》。在这次宣传活动中，音专师生共创作了十四首歌曲，后由刘雪庵辑成《前线去——爱国歌曲集》，于1932年4月15日出版。萧友梅说："我们中华民族之后裔，国难当头，岂能无视坐等。古人云，'养兵千日，用兵一时'，当兵应以刀枪卫国，我等应以歌声唤起民众，齐心协力，赶走日寇。一个音乐工作者，应该把音乐作为一种武器，来反对日本帝国主义的侵略，挽救民族的危亡，这是民族赋予我们的重任。"（刘雪庵回忆，见《萧友梅纪念文集》第81页）

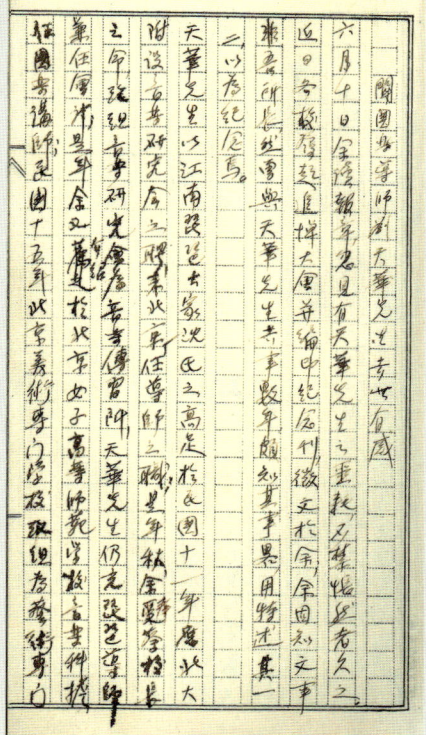

萧友梅在北京期间，与刘天华结下友谊，并十分钦佩他的音乐才能。刘天华于1932年6月8日因染上猩红热不幸逝世。萧友梅闻悉十分悲痛，于7月28日写下《闻国乐尊师刘天华兄去世有感》作为悼念。文载1933年刊印的《刘天华纪念册》。这是文稿手迹。（上海音乐学院图书馆藏）

萧友梅与龙沐勋等发起成立歌社，其成立宣言载《音》第13期（1931年4月）。

1931年"九一八"事变发生后不久，萧友梅创作了《从军歌》。这是乐谱手稿。（上海音乐学院图书馆藏）

萧友梅投入了大量心血编写的《和声学》一书，1932年正欲付印时，上海发生"一·二八"事变，日军飞机轰炸闸北，商务印书馆遭炸毁，此书的纸版及清样均被焚去。幸亏在校对时，萧友梅索回了原稿，"乃竭三个月之力，重写一次，又得廖君辅叔代为重缮谱例之一部，十分感谢！遂决意委托商业印字房，赶速印刷"。这样，《和声学》终于按萧友梅的愿望在8月出版。萧友梅在"自序二"中写道："盖学习音乐者，必须知和声法，犹习外国语者之必须先习文法也。西方新派音乐家，其作品无论如何新奇，然在本人未作成此种作品之前，无不熟习基本和声之法。""晚近各新派作曲家与理论家，虽有极新颖之作品与理论，然对于其所主张，尚未作成系统的说明"；而且"新兴学说各家所见不同，尚未能作成强有力的主张，故新出版之和声，只可称为'新和声论'，不能称为'新和声法'也。"

萧友梅的婚事，直到1932年，由周淑安做媒，才与在沪江大学附小任教的戚粹真女士喜结良缘。婚礼于10月10日在杭州举行，证婚人是杭州国立艺术专科学校校长林风眠。婚礼极为朴素简单。婚前并未声张，婚后才给亲友发了一张结婚通知书，说明因"国难期间，诸从简节，事先未及奉闻，诸希亮察"。

1932年10月10日，萧友梅与戚粹真女士在杭州结婚。这是新婚夫妇与参加婚礼的亲属们合影。

萧友梅与戚粹真的结婚照。萧友梅将此照赠予赵元任以作纪念。

萧友梅与戚粹真在无锡梅园，
1933年3月21日摄。

萧友梅与戚粹真在南京第一公园，
1933年10月10日摄。

以国立音专部分师生为骨干的音乐艺文社于1933年3月1日成立，蔡元培任社长，叶遐庵（即叶恭绰，1881—1968）任副社长。艺文社一成立就利用春假组织音专师生赴杭州演出，高唱抗日爱国歌曲，听众逾千人。《中华日报》为此发表评论说："悲壮激昂，闻者奋起，鼓舞敌忾，可谓名副其实矣。"

《音乐杂志》是音乐艺文社编辑出版的，主编为萧友梅、黄自和易韦斋。从1934年1月第1期开始，尽管仅出版了四期，但在当时也属一种比较重要的学术性刊物。

上海市教育局于1934年10月邀请国立音专主持教育音乐播音，学校为此组织了教育音乐播音委员会，每周一次在四马路中西电台播送教育音乐。同时，上海《新夜报》在副刊上开辟《音乐周刊》（第1—3期称《音乐专刊》），主要由音专师生撰稿介绍和评论中外音乐，刊登国立音专在中西电台播送的音乐节目。从1934年10月4日至1936年1月16日止，《音乐周刊》共办了57期。由国立音专师生主办的这两件事，对当时向社会普及高雅音乐，提高市民的音乐欣赏的水平起到了一定的作用。

1933年3月1日，萧友梅倡导成立了以国立音专师生为骨干的音乐艺文社，蔡元培为社长。

音乐艺文社社长蔡元培，副社长叶遐庵。

音乐艺文社主编的季刊《音乐杂志》

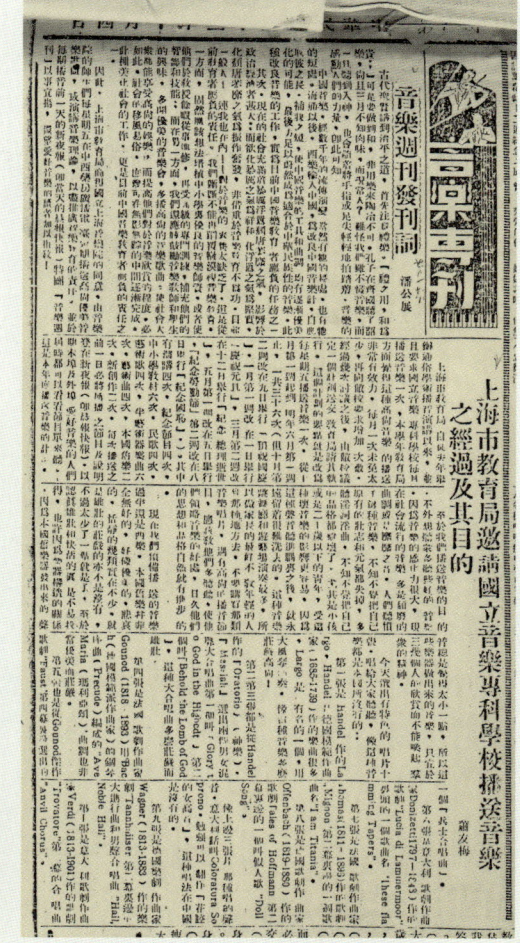

《新夜报》1934年10月4日的副刊《音乐周刊》第1期，刊登了萧友梅介绍国立音专应市教育局局长之邀在电台播送音乐的经过。

到了1933年6月,国立音专迎来了第一届毕业生,他们是李献敏(本科,钢琴专业)、喻宜萱(本科师范,声乐专业)和裘复生(选科,钢琴高级),三位学生学习成绩优异。教育部特派代表参加了毕业典礼。萧友梅在典礼上发表演说:"本校是吾国有史以来第一间的国立音乐专校,而今天又是举行第一次毕业式的日子,在文化史上开一个新纪录,所以今天实在有重大的意义。"

李献敏和裘复生毕业后进入本校研究班继续学习。萧友梅十分器重李献敏,为了使她能得到更好的发展,1934年9月14日,他以校长名义致函中比庚款委员会,恳请派李献敏赴欧深造,不久获得准允。李献敏出国前,萧友梅为她题词勉励:"语云'三日不弹手生棘'。学技术者诚须常常练习,但单独注意于机械的练习,而不顾及乐曲之组织及其旨趣,即使能弹出千百首曲,仍与械器乐器无异。故学曲时于技术之外须常注意其体裁及表情两点,方可领略得全曲之真精神。"

萧友梅、黄自与第一届毕业生李献敏(左1)、喻宜萱(左2)、裘复生(右1)合影留念

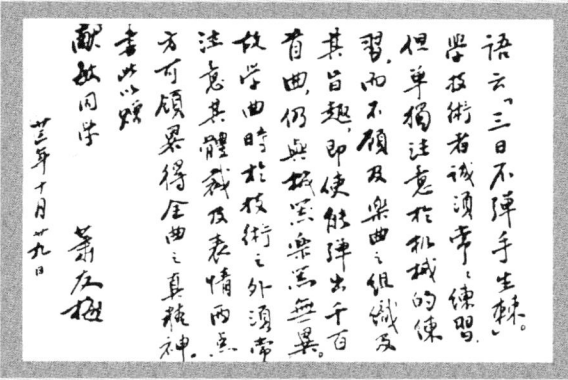

萧友梅为李献敏赴比利时留学题词

萧友梅为李献敏留学比利时致函中比庚款委员会申请资助并获准,刊于《音》第47期(1934年10月)。

丁善德和戴粹伦是继李献敏之后的第二届本科毕业生。1935年5月11日晚8时，萧友梅和黄自、查哈罗夫等音专师生一起出席在新亚大酒店礼堂举行的丁善德毕业音乐会。丁善德在音乐会上演奏了贝多芬的《"月光"奏鸣曲》、格里格的《A小调钢琴协奏曲》第一乐章、李斯特的《第六号匈牙利狂想曲》等乐曲。音乐会反响十分热烈。

1934年冬，国立音专师生欢送李献敏赴比利时留学。

本科生丁善德毕业音乐会及节目单

俄国作曲家、钢琴家切列普宁(A. Tcherepnine, 1899—1977,即齐尔品,当时译为"车列浦您")于1934年4月初到上海,5月4日,萧友梅邀请他访问国立音专并举行个人钢琴作品音乐会,还撰写了介绍他的长篇文章《来游沪平俄国新派作曲家及钢琴师亚历山大·齐尔品的略传与其著作的特色》,第二年又聘请他担任国立音专名誉教授。在萧友梅的支持下,国立音专与齐尔品举行了"征求有中国风味的钢琴曲"作曲比赛,并在1934年11月9日评出最终结果,国立音专学生贺绿汀的《牧童之笛》(不久后由作者改名为《牧童短笛》)获得头奖,俞便民的《C小调变奏曲》、老志诚的《牧童之乐》、陈田鹤的《序曲》、江定仙的《摇篮曲》获二奖;贺绿汀另一部作品《摇篮曲》获名誉二奖。在颁奖仪式上,齐尔品亲自向获奖者颁发由他提供的奖金,他后来将《牧童之笛》等几首获奖曲带到欧洲去演出,向世界介绍中国的钢琴作品。

齐尔品在中国期间,于1935年作了一本《五声音阶的钢琴教本》,萧友梅特为该教本写《卷头语》,并将其编入"国立音乐专科学校丛书"。

1934年5月21日,齐尔品写信给萧友梅,请求组织一次"征求有中国风味的钢琴曲"作曲比赛,由他提供奖金。

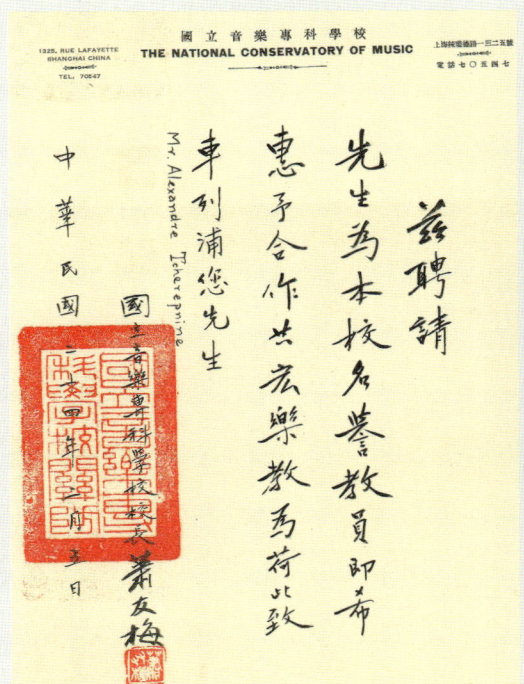

萧友梅聘请齐尔品为国立音专名誉教员的聘书。(上海音乐学院图书馆藏)

1935年,秋齐尔品夫妇离沪时与萧友梅、黄自(左1)、查哈罗夫(左2)、欧萨可夫(右2)及贺绿汀(右1)合影留念。

1935年1月30日，是日为农历甲戌年十二月二十六日，萧友梅喜得子。廖辅叔闻讯后，遵照萧先生一贯俭朴的作风，只送去一束鲜花，系着一条缎带，上面写着"祝福新人的诞生"一行字。并问先生，儿子叫什么名字，先生说："叫萧勤，'民生在勤''业精于勤荒于嬉'。"

晚年得子，其乐融融。萧友梅夫妇与他们的幼子萧勤。

校舍建设是萧友梅从学校成立开始就念念不忘、始终在不懈努力的事。从1934年10月起，国立音专新校舍终于在江湾的市京路动工兴建。政府拨款十二万五千元，加上历年募捐所得一万元，在新建市中心区市京路（今杨浦区民京路）购地十六亩，建三层正校舍一座，两座练琴室和一座女宿舍。1935年9月，国立音乐专科学校新校舍竣工。新校舍的落成，结束了音专近八年来靠租赁校舍，先后四次搬迁的办学岁月。12月8日，国立音专隆重举行成立八周年暨新校舍落成典礼。市政府代表、记者等六百余人出席。但不到两年，因日寇入侵，抗战爆发，音专不得不再度陷入搬迁办学的困境。

萧友梅视察校舍建筑工地

萧友梅与校舍落成石碑。此碑1937年被日机炸毁。

萧友梅赠送给新校舍的旗杆

1935年9月，国立音专位于市京路的新校舍落成。

1935年12月8日举行校舍落成典礼

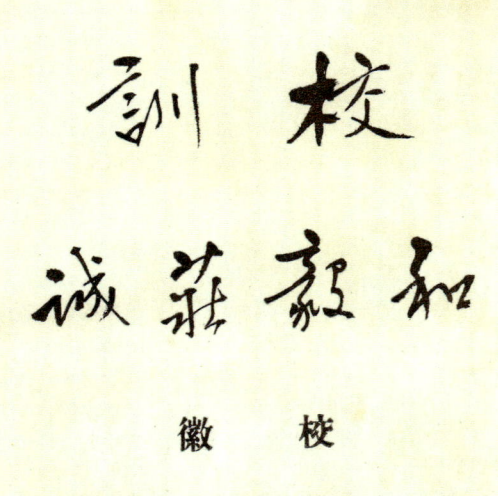

1936年学校公布的校训和校徽

新校舍外貌

# 第七章　鞠躬尽瘁，死而后已
## ——国立音乐专科学校时期（下）（1936—1940）

1936年2月11日下午3点，时任工部局管弦乐队客座指挥的日本指挥家近卫秀麿（Konoye Hidemaro，1898—1973）慕名来音专访问并作讲演。萧友梅决定不让其用日语讲演而采用两人都通晓的德语来讲话，并由他自己亲自翻译。会后，近卫提出要赠送一架钢琴给音专以示所谓亲善。不久，钢琴真的运来了，日本驻沪领事馆来函通知音专。萧友梅考虑到当时中日之间的关系极不正常，于是回信拒绝了。

为感谢前院长蔡元培先生对学校的一贯支持，由萧友梅主持，国立音专在1936年4月23日为蔡元培七十华诞专门举行音乐会。会前，蔡先生在新校园内亲自种植松树一株作为永久纪念。音乐会实况由上海广播电台播出，并通过南京中央广播电台向全国转播。

1937年春季学期开学前，学校议决校徽改用三角形，上刻各生学号。校徽采用蓝地黄钟银琴式样。本学期又新聘欧阳予倩先生讲授戏剧概论，达拉密士先生教授单簧管，史丕罗尼先生教授法国号。师资力量进一步得到加强。

1936年4月，萧友梅率领国立音专师生为前音乐院创办人蔡元培祝寿并举行专门音乐会。

1935年5月，国立音专以第六届学生音乐大会作为航空救国音乐大会。

应江苏省教育厅厅长周佛海两次来函邀约，萧友梅在1937年2月撰写了《中学音乐教育的实际问题》一文。在指出当时中学音乐教育中存在不少问题后，提出了整理中学音乐课程的六项建议：1. 修订中学课程标准，增加课时；2. 重编音乐教科书或审查之；3. 严定音乐教员的资格，定期举行检定试验；4. 在各大都市设立暑假中、小学音乐教员补习班；5. 订定音乐教育视察制度；6. 划一养成音乐师资科之课程。

1937年国立音专有一个比较大的演出活动，就是应教育部全国美术展览会之邀请，师生们赴南京举行音乐会。4月11、12日，参加演出的学生都是学校的优秀生，有张蓉珍、张贞黻、斯义桂、谭小麟、郎毓秀、吴乐懿、戴粹伦等，节目中包括有合唱《山在虚无缥缈间》《抗敌歌》（黄自曲）、《玉门出塞》（李惟宁曲）等，由赵梅伯指挥。参加演出的教师有佘甫磋夫、应尚能、朱英、查哈罗夫、苏石林、法利国、介楚士奇等。

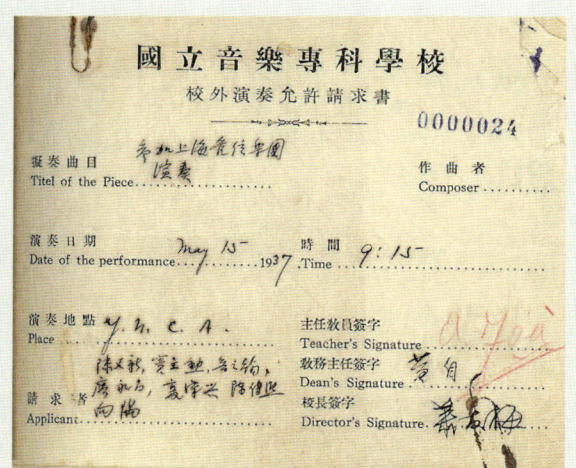
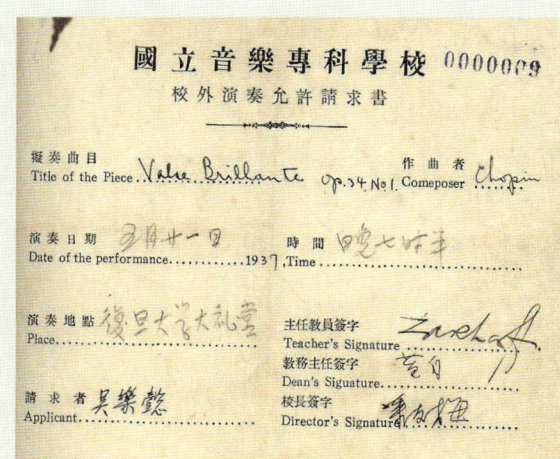

1936年齐尔品第二次来华访问国立音专时与萧友梅等师生合影（黄自摄）

1937年萧友梅、黄自签发的学生校外演出许可书。

1936年11月30日，女儿萧雪真出生。

萧友梅携夫人戚粹真与家人合影

1937年暑假，黄自请辞教务主任职务，以便专心教学。萧友梅于是给时任私立广州音乐院副院长的陈洪写信，问他是否愿意来上海音专工作；7月下旬又给他信并附聘书，聘他为音专教授兼教务主任（见陈洪：《忆萧友梅先生与抗战初期的上海国立音专》）。其实萧友梅与陈洪素昧平生，但肯定是间接了解过详细情况的。于是，陈洪抱着试一试的心情，在7月底经香港乘船赴沪，按期于8月1日到达，并在当天就去国立音专报到。从此，陈洪成为萧友梅的得力助手，与国立音专也结下了一段不解之缘。

1937年"七七"事变后，中国全面进入了抗日战争。8月8日，日军战机轰炸上海，国立音专新校舍之正座、女生宿舍及操场遭袭，损失巨大。次日学校便迁至市区徐家汇路。"八一三"淞沪战役爆发。9月14日学校在徐家汇路临时校址招生，敌机在南门低空盘旋，不时扔下炸弹，炮声不绝于耳。10月1日学校又迁至马思南路（今思南路）58号。从这天起，学校正式开课，但在最初两个星期中，时间表几乎是每日必变。

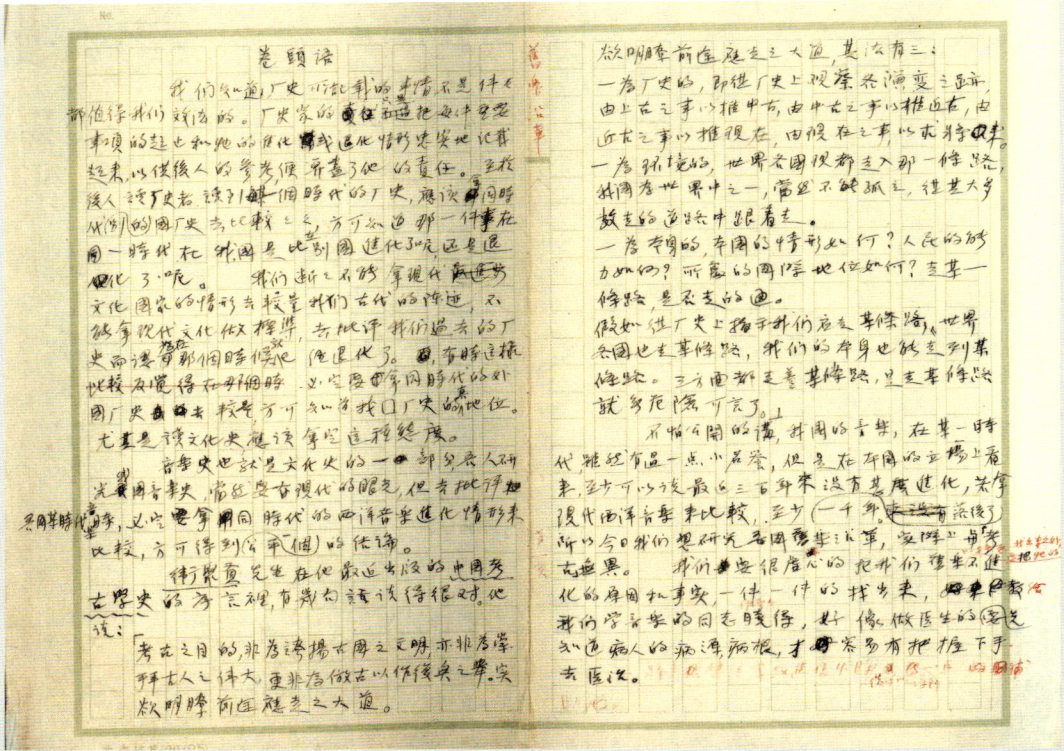

《旧有沿革》是1938年9月萧友梅在国立音专开设讲座的教材。这是《卷头语》手稿。（上海音乐学院图书馆藏）

1938年，萧友梅曾住在西爱咸斯路（今永嘉路）418弄2号，并在此办公。

《中学音乐教育的实际问题》，1937年2月28日作，刊于《江苏教育》第6卷第1、2期合刊。这是手稿。（上海音乐学院图书馆藏）

枫林桥口骨科医院,抗战时期校舍第一次迁移时至此。

高恩路(今高安路)432号,抗战时期校舍第三次迁移时至此。

爱文义路(今北京西路)626号,抗战时期校舍第四次迁移时至此,1946年抗战胜利后由此迁至江湾校舍。

思南路58号,抗战时期学校曾在这里上课。

太原路217弄1号,1937年抗战时期学校的图书器材曾藏于此。

市京路校舍落成的纪念石碑,1937年被日机炸毁。图为残碑实物。

萧友梅在1937年10月18日补行的开学典礼上慷慨陈词:"现在能够在这里开学上课,依然有不少同学……我们仍筹备在11月举行一个音乐会,一方面纪念学校,一方面以售票所得,救济遭难同胞……我们应当再接再厉,有一份可能做一份事业,……总之,我们不要悲观……我们要建设一个更伟大的音专!"

1937年11月12日,上海沦陷,成为"孤岛"。1938年2月1日,教育部指示允许上海各校采用任何方式维持校务,国立音专决定对外用"私立上海音乐院"的名义。1938年3月24日,萧友梅致函教育部张道藩次长,提出学校迁移到九龙的设想;4月22日,去九龙察看拟租赁的准备在此办学的房屋。4月25日,张道藩复函:"奉嘱仍望勉力支持,暂勿迁校为宜。"1938年4月中旬,萧友梅校长赴汉口,向教育部提出将学校迁往桂林,未果。8月,学校又租赁几处房子保证学校能继续上课。9月1日,学校在高恩路(今高安路)开学。1939年秋,学校又搬迁至公共租界的爱文义路(今北京西路)626号原崇德女中校址。学校就在此一直坚持到抗战胜利。

"八一三"事变后,萧友梅开始留起胡子,并自称这是"纪念胡子";"那是不妥协、不投降的意思。抗战胜利后,我就剃掉!"可惜他没有看到抗战的胜利。

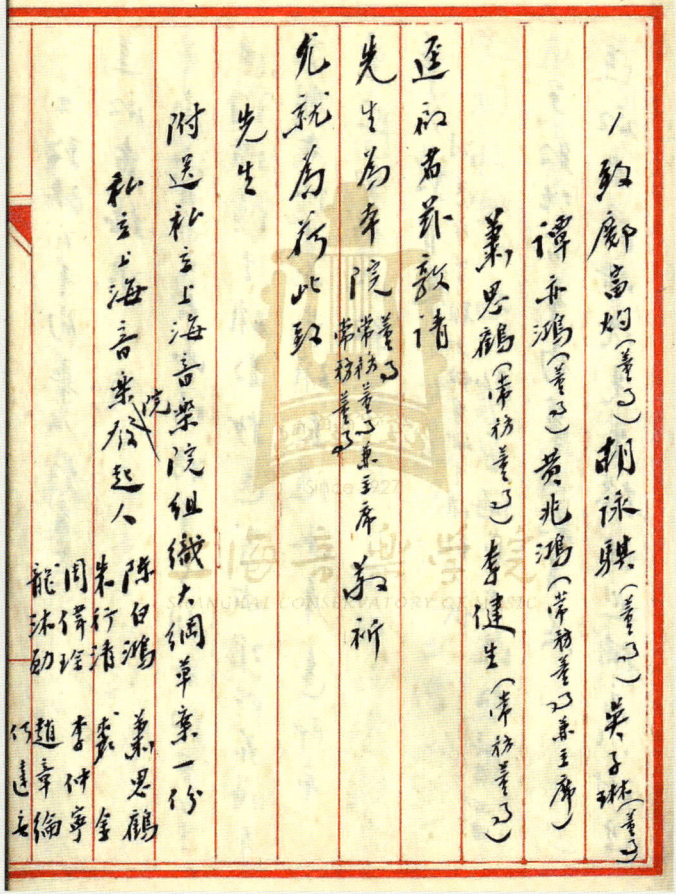

私立上海音乐院成立。
文中的"萧思鹤"即萧友梅。

蓄胡的萧友梅

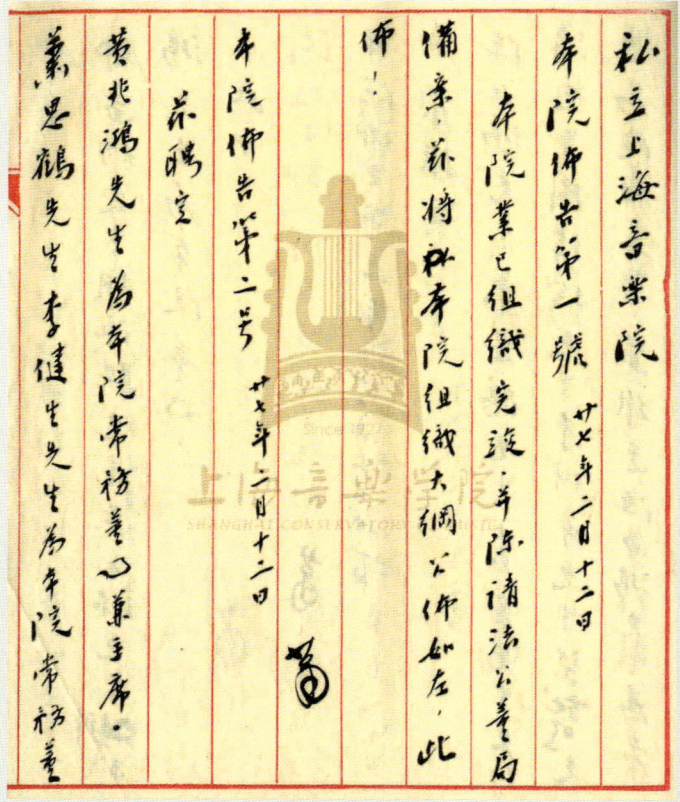

私立上海音乐院布告第1号、第2号。

1937年12月14日，同日，致函教育部长王世杰报告两周来面临的各种困境。信中另附有一份题为《国立音乐专科学校为适应非常时期之需要拟办集团唱歌指挥养成班及军乐队长养成班理由及办法》（以下简称《理由及办法》）的铅字打印稿。《理由及办法》提出了提倡集团歌唱，实行音乐到民间去、军队里去，音乐人才普遍化、合时化，救亡作品巨量产生，从服务中建立中国的国民乐派，跟随中华民族的解放而获得中国音乐的出路等十一条主张。并强调"音乐教育应该迅速改变方针，以能适应目前伟大的需要为依归；以维系民众信念、团结全国人心、强调民族意识、激发爱国热忱为己任，努力迈进。只有如是，才可希望找到那二十年来无处寻觅的中国音乐的新生命"。此文集中体现了萧友梅一生的爱国信念以及在中国全面进入抗战时期他成熟的音乐教育思想。

1938年5月9日，黄自患伤寒病逝世。萧友梅在香港获悉黄自先生逝世后即致函教育部高教司请求设法抚恤。高教司答复："该教授对于音乐作曲贡献甚多，抚恤金可由该校从优支拨。"

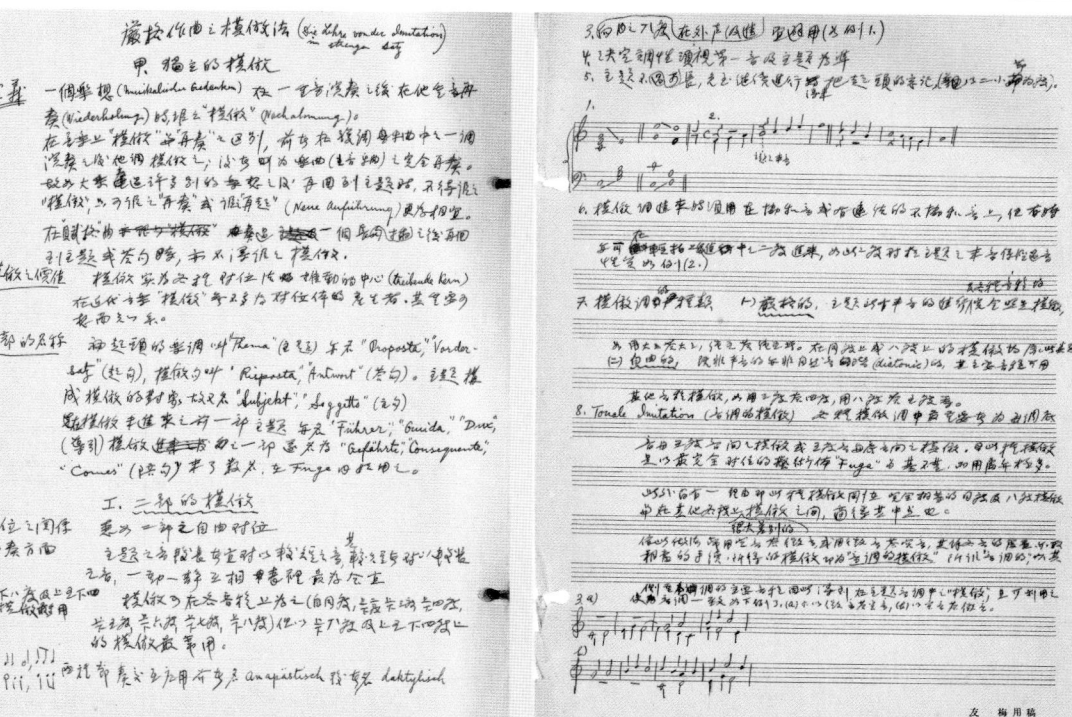

萧友梅为给国立音专学生上课而写的作曲讲义手稿（上海音乐学院图书馆藏）

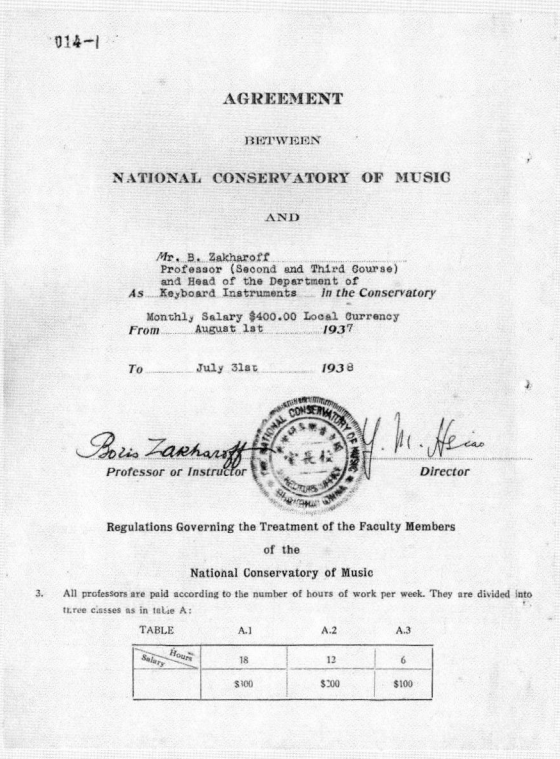 

萧友梅签发的外籍教员聘书

1939年5月4日,国立音专举行"救济难童,纪念贝多芬音乐大会",赵梅伯指挥。

1939年6月，萧友梅参加学生毕业仪式并合影。

1938年9月，萧友梅抱病从香港回到上海，开始为学生讲授新开设的"朗诵法"及"旧乐沿革"等新课程；同时勉力完成了编写这两门课程的讲义。在《旧乐沿革》的《卷头语》中写道："我国的音乐，在某一时代，虽然有过一点小名誉，但是在本国的立场上来看，至少可以说最近三百年来没有什么进化。""我们除要很虚心地把我们旧乐的特色找出来之外，也要把它的不进化的原因和事实，一件一件地找出来，教给我们学音乐的同志作参考。"

钱仁康曾回忆道："我于1941年至1942年致力于宋《白石道人歌曲》中十七首旁谱的译解，将其翻成五线谱，并以调式和声为各曲配上钢琴伴奏，就是在《旧乐沿革》课上受到萧先生的教益和启发，才这样做的。"乔建中认为：《旧乐沿革》"是我国历史上第一次对传统记谱法文献的归纳"。

陈洪主编了一本音专的不定期刊物《林钟》（仅出版一期）。萧友梅在该刊上发表了《复兴国乐之我见》《键盘乐器输入中国考》和《给作歌同志一封公开的信》三篇文章。《键盘乐器输入中国考》一文节选自《旧乐沿革》第三章第28款，原名"键盘乐器输入中国之经过"。文章较为详细考证了管风琴、钢琴及五线谱传入中国的历史经过。关于键盘乐器何时输入中国的问题，萧氏首次打破陈说，提出键盘乐器早在元代就已传入中国；他的考证，从一个侧面反映了他对理论研究的重视，对传统文化遗产悉心挖掘与整理的求实精神。

1940年5月，萧友梅出席由丁善德、陈又新主持的上海音乐馆在兰心大戏院举行的音乐会。这是萧友梅去世前最后一次公开露面。

《林钟》是国立音专最后一种刊物，仅于1939年6月出版一期，刊登了萧友梅的《复兴国乐我见》等三篇文章。

抗日岁月中萧友梅的得力助手、国立音专教务主任陈洪

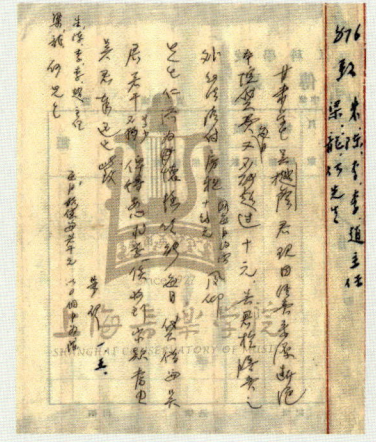

音专学生吴樾荫是贵州省公费生，抗战时期其经费来源断绝。萧友梅于1939年1月5日致信本校各主任等，希望能"每月贷借与吴君若干，多少不拘，俾得安心求学"。可见萧友梅对学生的关爱之心。此为该信手稿。

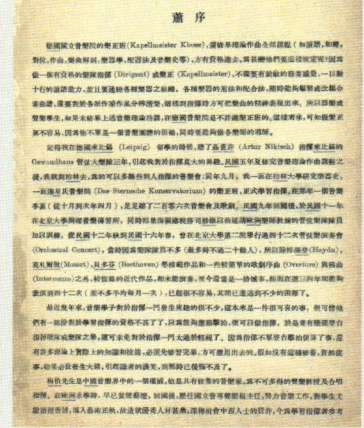

1940年6月3日，萧友梅抱病为赵梅伯的《合唱指挥法》一书作序。该文最后提到："希望学习指挥的同志……不要忘记学习指挥以前的音乐修养，比击拍技术更重要。"该书后于1946年7月由商务印书馆出版。

应时（字溥泉，1866—1942?），曾留学德国等欧洲数国，获法学博士；上海法律界和文化界名人。这是他赠送给好友萧友梅的译著《德诗汉译》（世界书局1939年1月初版）。该书真皮金字金边精装，书脊印金字："雪朋学兄院长惠存，译者应时谨赠。"弥足珍贵。萧友梅曾于1938年12月21日为该书作《应时德诗汉译序》，对德诗的汉译发表了自己的看法。（上海音乐学院图书馆藏）

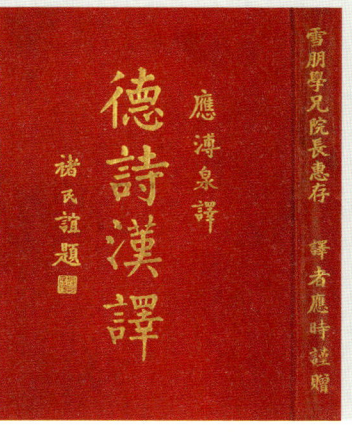

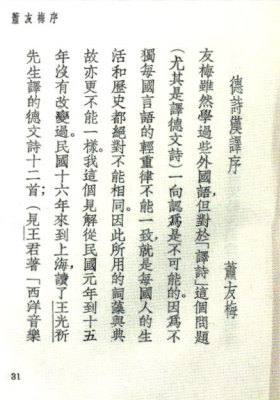

鉴于时局日趋恶化，为了便于高年级学生早日离开学校，萧友梅乃决定于学期中途提前举行毕业考试，发给文凭，让这一批（有数十人）高年级学生得以及早去参加抗日工作。事实证明萧友梅这一举措的正确，后来这批人大多成为我国音乐界的骨干人才。

1940年深秋，气候转冷，萧友梅的健康状况日趋恶化。他好像整年在感冒中，嘴唇失去了红润，假门牙在黑胡子下显得更白，脸上的神色也显得更憔悴。

有一天先生忽患感冒，发热不退，只能住院治疗。为节约开支，只能选择了一家比较廉价的私人开的体仁医院，住在三层楼一间朝东北的病房。辣斐德路上的这房子（今复兴中路1325号）以前就是国立音专租用的。所以刚入院时萧友梅对来陪伴他的工友王浩川说："这里就是原来我们学校的图书馆，我这次不是住院，是住到学校图书馆来了。"萧友梅身在医院，心却仍系学校，每天总盼望音专同人向他提出各种报告，还每天坚持读报。

12月29日、30日，先生病情恶化，小便大量出血，高烧不退。深夜，先生进入昏愦状态，不断喘息，而此时他仍关心着学校的师生。期末考试将到了，他想起用作钢琴考试的琴房里有一扇通天井的门，门上有一条透风的长缝，北风会吹进来冻着弹琴者的手，于是关照陈洪必须用硬纸片把那条门缝堵上。这件事竟成了他的遗嘱，再没有一个字是关于他家庭的。

1940年12月31日凌晨5时35分，萧友梅停止了呼吸，终年56岁，离57周岁生日仅一周。萧友梅身后遗下夫人及其子萧勤（时年6岁），女萧雪真（时年4岁）。1941年1月2日，萧友梅的遗体在中国殡仪馆大殓，国立音专全体师生、国立各学院代表共五百人参加。

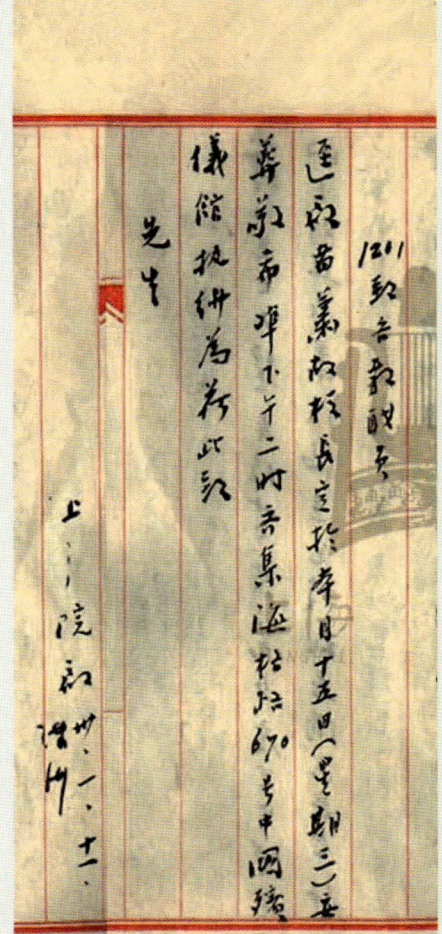

陈洪于1941年1月11日以上海音乐院的名义致各教职员，告知萧友梅当月15日安葬。

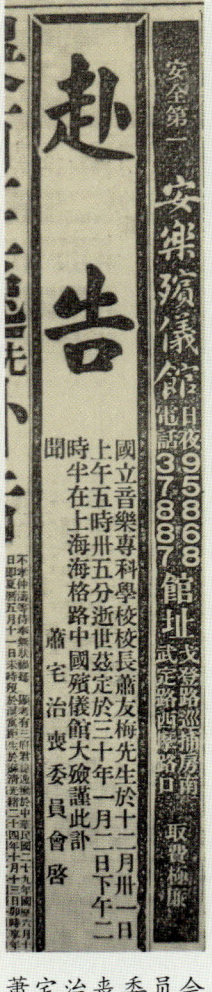

萧宅治丧委员会于1941年1月1日在《申报》上刊登的萧友梅逝世讣告

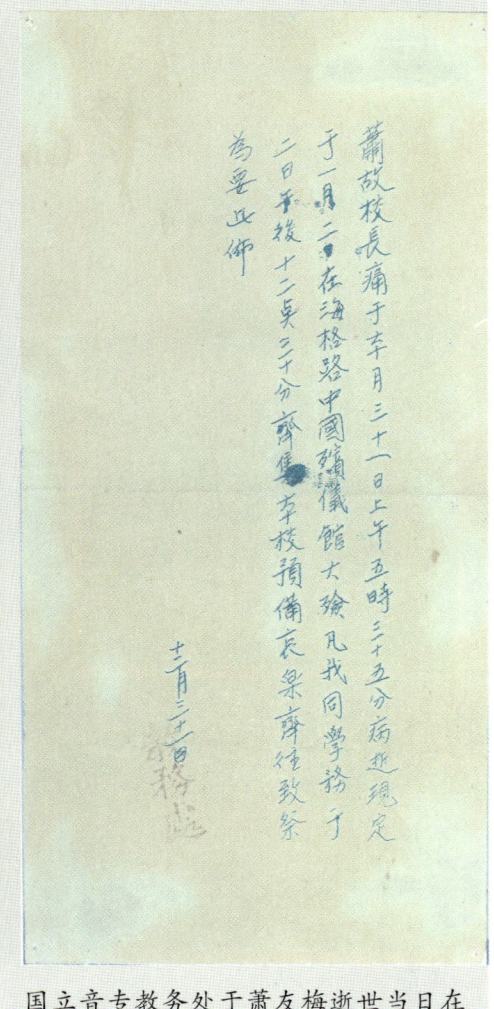

国立音专教务处于萧友梅逝世当日在学校发布的讣告

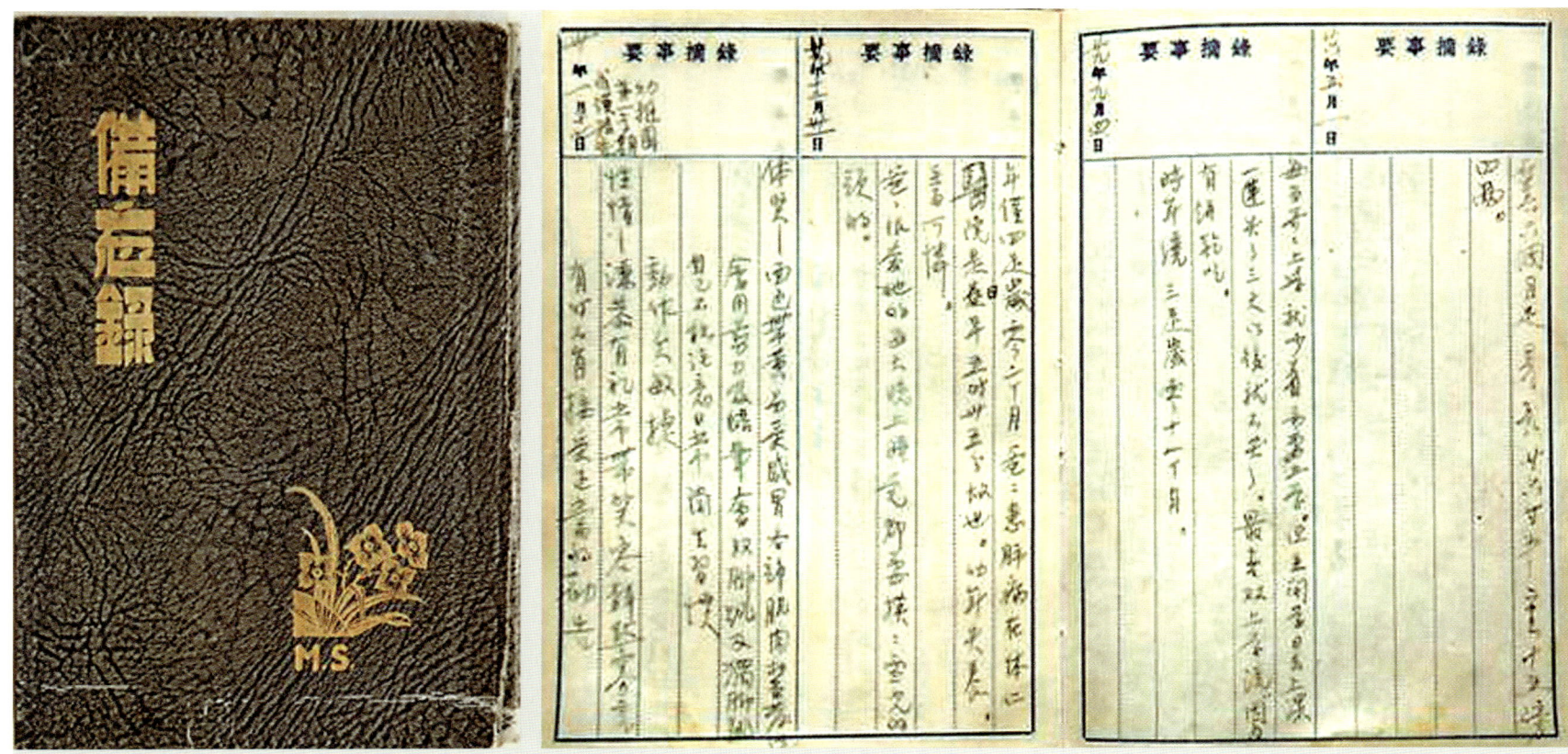

这本《备忘录》是萧友梅夫妇记录子女成长过程中大小事件的小笔记本。在1940年(民国29年)12月31日这一天记着:"(萧雪真)年仅四足岁零二个月,爸爸患肺病在体仁医院是日早上五时卅五分故也。幼年失养,至为可怜。爸爸很爱她的,每天晚上睡觉都要摸摸雪儿的头的。"字字深含着萧夫人戚粹真当时失去夫君的悲痛和可怜女儿幼年丧父的哀伤。

今复兴中路(旧称辣斐德路)1325号。1940年时这里曾是体仁医院,萧友梅逝于此。国立音专曾在1931年8月至1935年10月租此楼作为校舍。

1941年1月11日，重庆《新华日报》第二版，刊出"中央社香港电"沪讯的消息，标题为"国立音专校长萧友梅在沪病逝"。1月15日，萧友梅灵柩安葬在虹桥万国公墓。叶恭绰书写墓碑"国立音乐专科学校校长萧友梅博士之墓"，旁书"国立音乐专科学校立石"。2月17日，李惟宁代校长正式就职。从此结束了国立音专的"萧友梅时期"。

这年的3月8日，在贝当路（今衡山路）美国教堂隆重举行了萧友梅追悼会，行政院特令褒扬，颁给恤金。会后还有音乐节目，其中有佘甫磋夫的大提琴独奏、查哈罗夫钢琴演奏肖邦的《葬礼进行曲》，最后是赵梅伯指挥音专学生演唱舒伯特的四部合唱弥撒《慈悲经》和《荣耀经》。节目中尤为让人感到悲戚的是演唱萧先生的名作《问》，当唱到"你知道今日的江山，有多少凄惶的泪"时，在场的人们，触景生情不禁真的流下了凄惶的热泪。

20世纪六七十年代，上海万国公墓拆迁，萧、戚两家的亲属均未见到报上登载通知各墓主迁葬的公告，未能及时前往迁葬。后来萧友梅的墓及墓碑都没了踪影，令人遗憾。

萧友梅是中国现代音乐史上一位伟大的音乐教育家、音乐理论家和作曲家，一生作有声乐、器乐作品近百首，音乐著述七十余种。他在德国研读音乐，回国后在北京大学音乐研究会执教七年，继而到上海创办并主持国立音乐院、国立音乐专科学校十三年。在上海，他筚路蓝缕，艰苦创业，如保姆般精心呵护、悉心培育这所中国唯一的音乐高等学校，直至抗战前学校以完备的教学制度、雄厚的师资力量和优异的教育质量傲然屹立于东方。在国立音专，萧友梅展现了其旨在促进整个国民音乐教育的普及和提高的教育思想、自觉肩负起为国家的音乐教育事业而奋斗的高尚品德和杰出的办学才能。萧友梅领导下的国立音专，连同保留下来的众多办学档案，以及饱含了他对中国新音乐殷切希望的大量手稿，就是他的精神写照。

萧友梅为中国音乐教育事业所作出的不朽贡献，值得我们永远铭记！

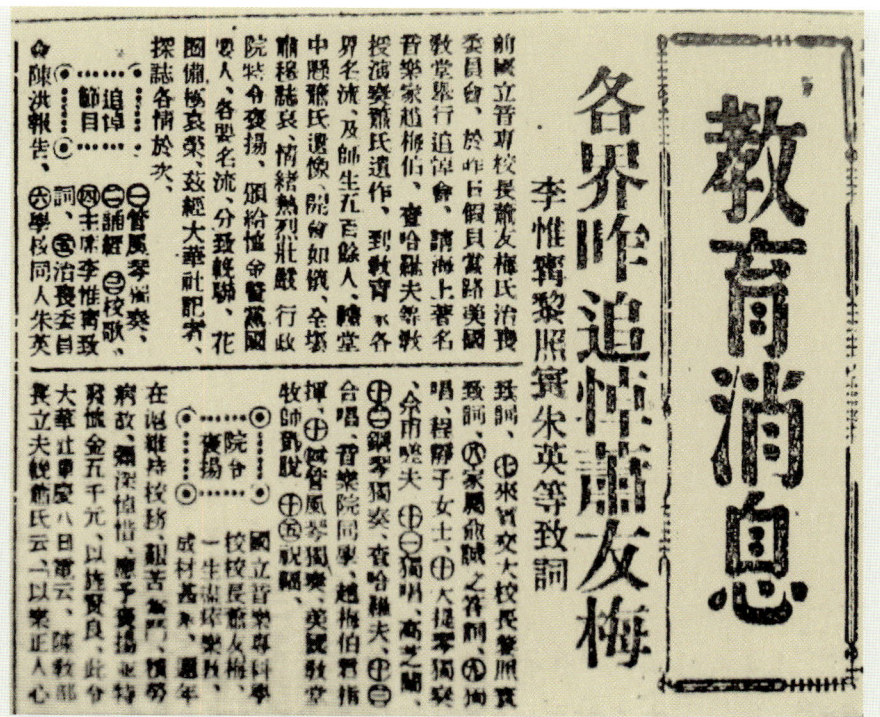

《申报》报道1941年3月8日，萧友梅追悼会在贝当路美国教堂隆重举行。

院令褒扬：国立音乐专科学校校长萧友梅，一生尽瘁乐教，成材甚众。迩年在沪维持校务，艰苦奋斗，积劳病故，弥深悼惜，应予褒扬并特发恤金五千元，以旌贤良。此令。

大华社重庆八日电云，陈教部长立夫挽萧氏云："以乐正人心，德泽涵濡，久经移易培风化，兴贤基学术，师宗顿失，始感才难仰典型。"

当年贝当路上的美国教堂，就是今日衡山路上的国际礼拜堂。萧友梅追悼会于1941年3月8日在此举行。图为今教堂外貌。

# 第八章　永远的纪念

1980年12月30日,上海音乐学院举行了萧友梅逝世四十周年纪念会。图为纪念会主席台。右起：廖辅叔、丁善德、贺绿汀、萧勤

1980年12月31日,上海音乐学院举行萧友梅逝世四十周年纪念音乐会。学校声乐系教师演唱了萧友梅的作品。

为纪念萧友梅先生逝世四十周年,中国音乐家协会和中央音乐学院于1980年12月27日在首都中山堂举行纪念会。萧友梅之子萧勤先生应邀回国参加纪念活动。会场里展出了萧友梅先生的部分作品、理论著作及有关他的事迹的图片。会上演出了萧友梅的部分作品。

廖辅叔于1980年为萧友梅逝世四十周年所作的悼词

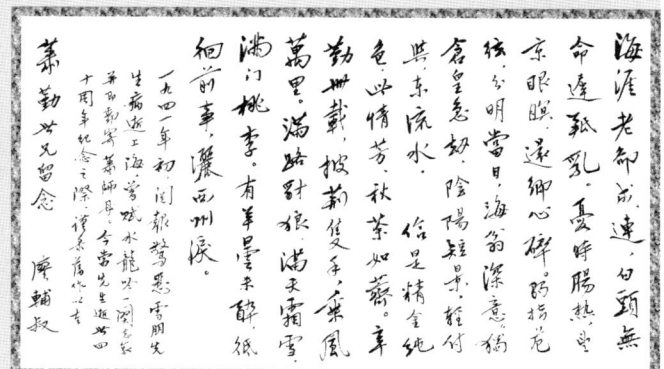

纪念会上合唱队演唱了萧友梅的声乐作品

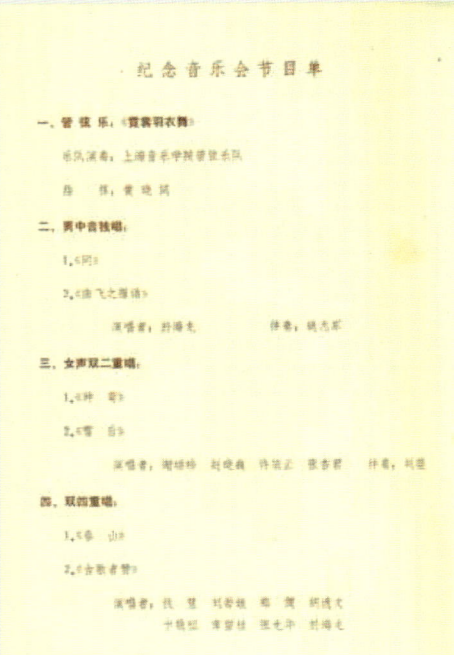

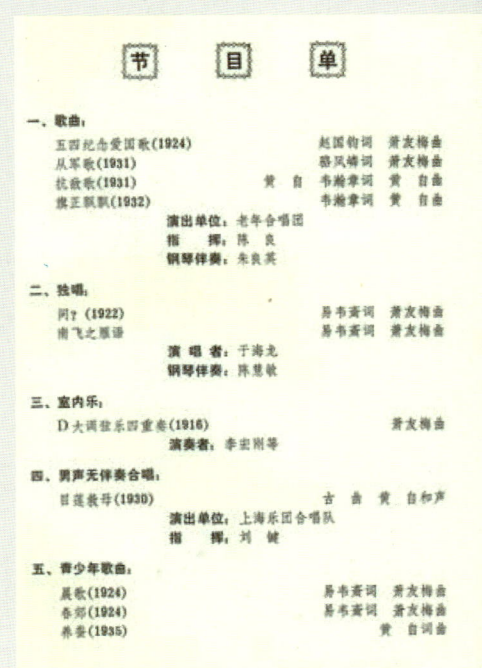

1980年12月30—31日，上海音乐学院举行萧友梅逝世四十周年纪念会。

1984年6月9日，中国音协和上海音乐学院联合举办萧友梅一百周年诞辰、黄自八十周年诞辰纪念音乐会。

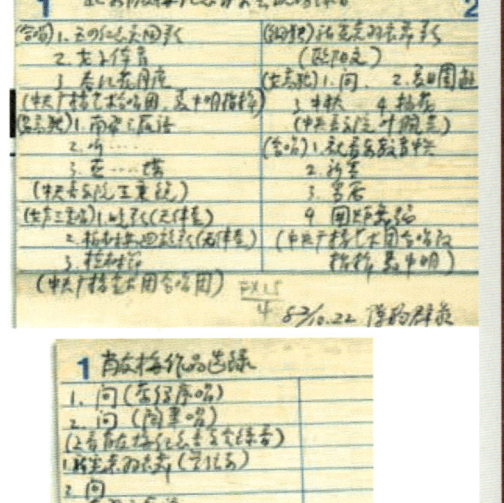
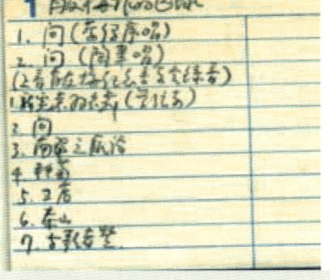

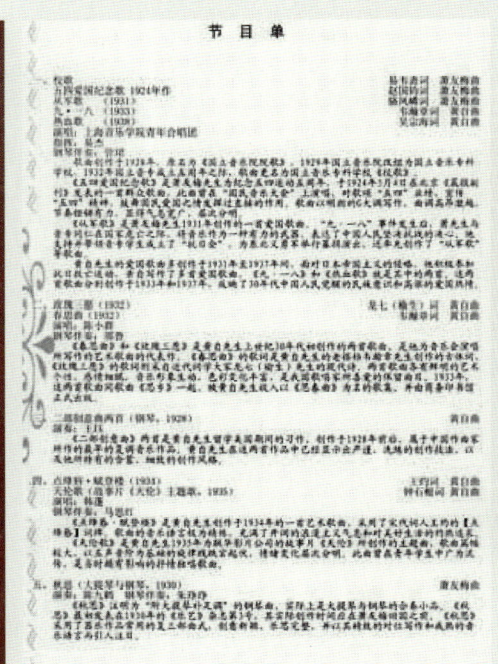

1982年10月22日，北京举行萧友梅纪念音乐会。这是我院陈聆群教授在现场用磁带录音的目录。

2004年11月25日，上海音乐学院举行萧友梅一百二十周年诞辰、黄自一百周年诞辰纪念音乐会。

2010年12月10日起，中央音乐学院、中山市文化广电新闻出版局联合主办"萧友梅逝世七十周年纪念活动"，为期二十多天的活动涵盖展览、讲座、音乐会等内容。这是活动之一——萧友梅作品音乐会的实况录像DVD，由北京环球音像出版社出版。

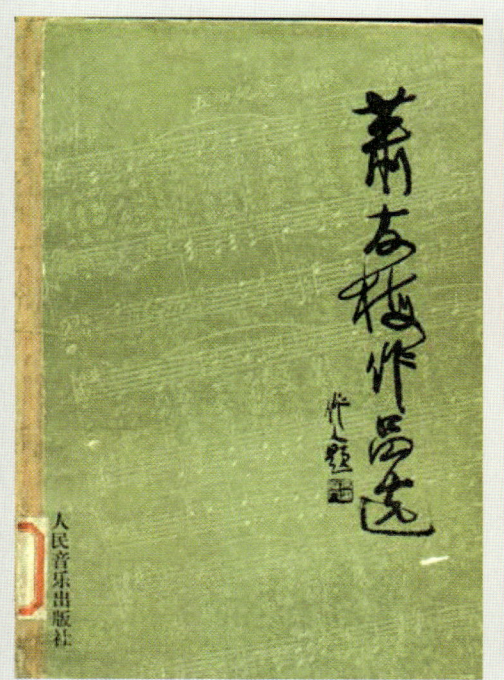   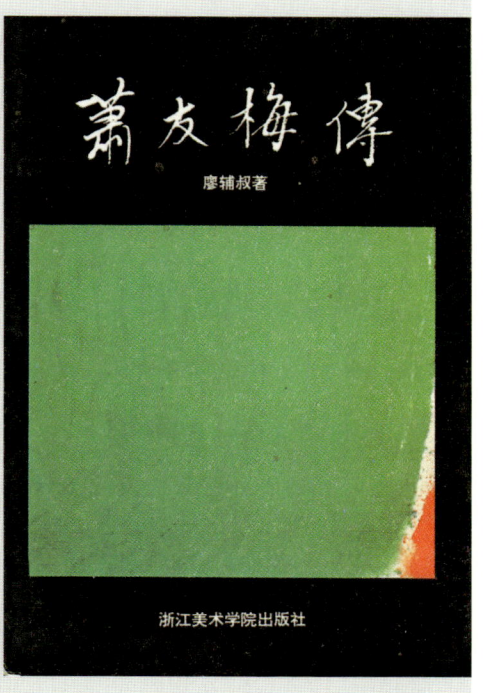

《萧友梅作品选》，人民音乐出版社1984年6月出版。

《萧友梅音乐文集》，陈聆群等编，上海音乐出版社1990年12月出版。

《萧友梅纪念文集》，戴鹏海、黄旭东编，上海音乐出版社1991年1月出版。

《萧友梅传》，廖辅叔著，萧勤设计封面，浙江美术学院出版社1993年11月出版。

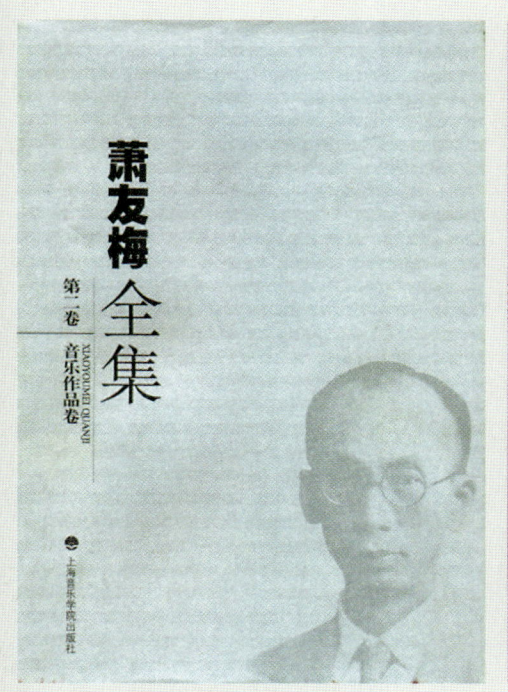   

《萧友梅全集》第1卷文论专著卷（2004年11月）、第2卷音乐作品卷（2007年7月）由上海音乐学院出版社出版。

金桥的博士论文《萧友梅与中国近代音乐教育》，上海音乐学院出版社2006年8月出版。

《萧友梅编年记事稿》，黄旭东、汪朴编著，中央音乐学院出版社2007年10月出版。

《萧友梅书信暨办学文档选》，黄旭东编，中央音乐学院出版社2016年9月出版。

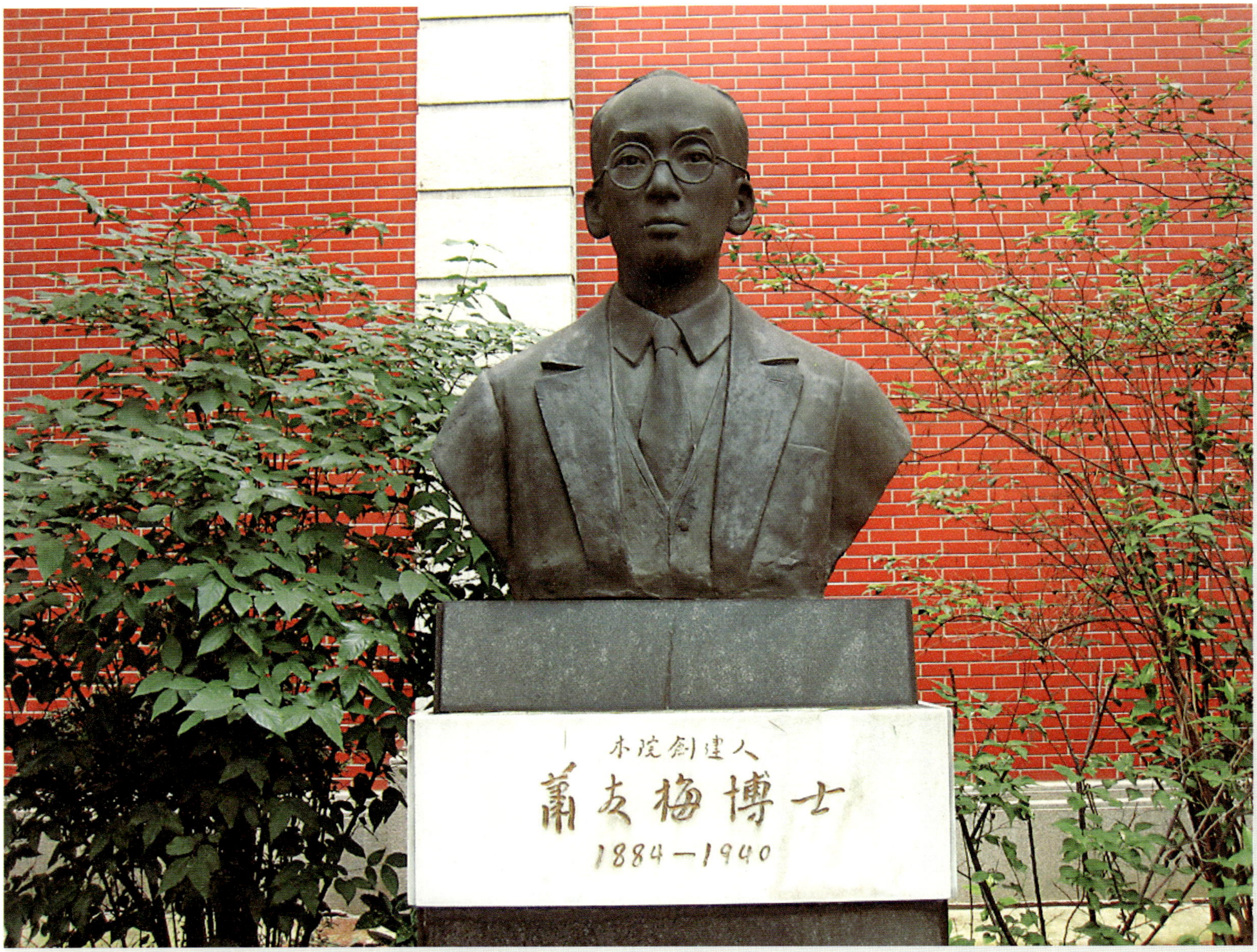
本院創建人
萧友梅博士
1884—1940

1982年11月27日，上海音乐学院举办萧友梅铜像落成典礼。本图为坐落于上海音乐学院校园内的萧友梅铜像，由塑像大师刘开渠塑制。

萧友梅博士铜像落成仪式

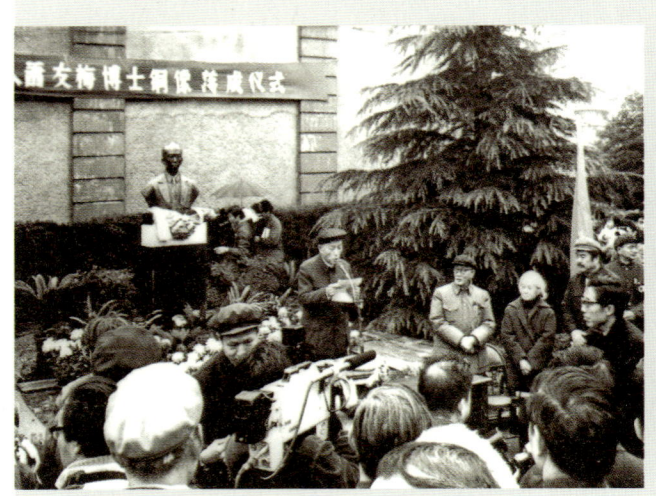

丁善德副院长在萧友梅铜像落成典礼上讲话

友梅博士铜像落成仪式

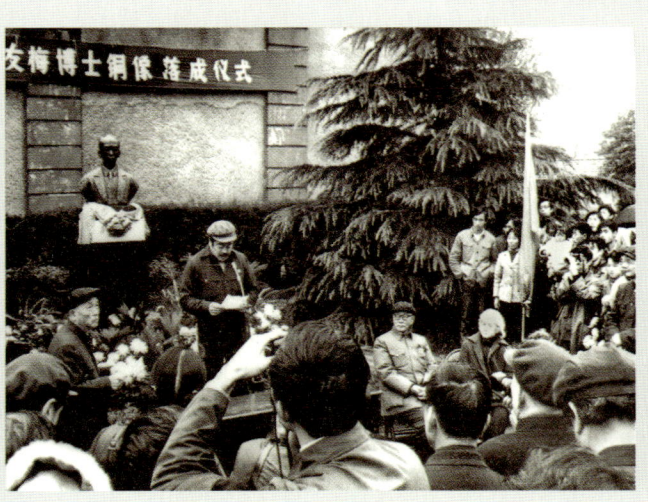

萧勤在萧友梅铜像落成典礼上讲话

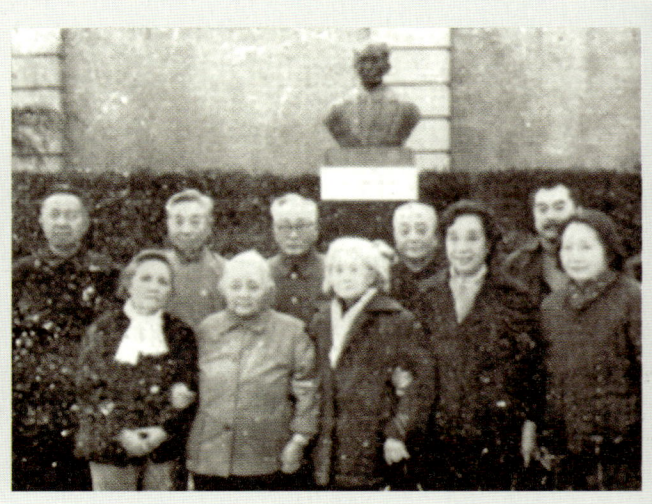

萧友梅塑像落成仪式上，国立音专老校友合影。

1990年12月26—27日,萧友梅逝世五十周年系列纪念活动在中央音乐学院举行,中国音协主席李焕之、中央音乐学院院长于润洋、廖辅叔教授,以及萧氏亲属萧淑娴、萧勤在纪念会上发言。

萧氏亲属们在中央音乐学院参加萧友梅半身铜像揭幕仪式并合影留念

1990年,上海音乐学院举办萧友梅逝世50周年纪念音乐会,图为萧勤(左)与贺绿汀、戴鹏海(右)。

中央音乐学院的纪念音乐会上演奏萧友梅的弦乐四重奏《小夜曲》

吴作人为纪念活动题词

1994年1月7—9日，由中国音协、上海音乐学院、中山市文化局等单位联合举办的萧友梅博士110周年诞辰学术纪念活动在中山市隆重举行。时任上海音乐学院院长江明惇率领一批教授和研究人员，与各地专家学者共同参加了纪念活动。

1997年,在北京国门路大饭店举行中央音乐学院萧友梅音乐教育促进会首届会员大会暨"萧友梅音乐教育建设奖"管委会成立典礼。(摄影:姜永兴)

专程回国出席大会的萧勤在会上发言

时任音协主席李焕之(右),指挥家、萧友梅学生李德伦(左)先后发言。

促进会名誉会长贺绿汀委托时任上海音乐学院院长江明惇代其宣读致辞

中央音乐学院前院长于润洋宣读设立"萧友梅音乐教育建设奖"倡议书

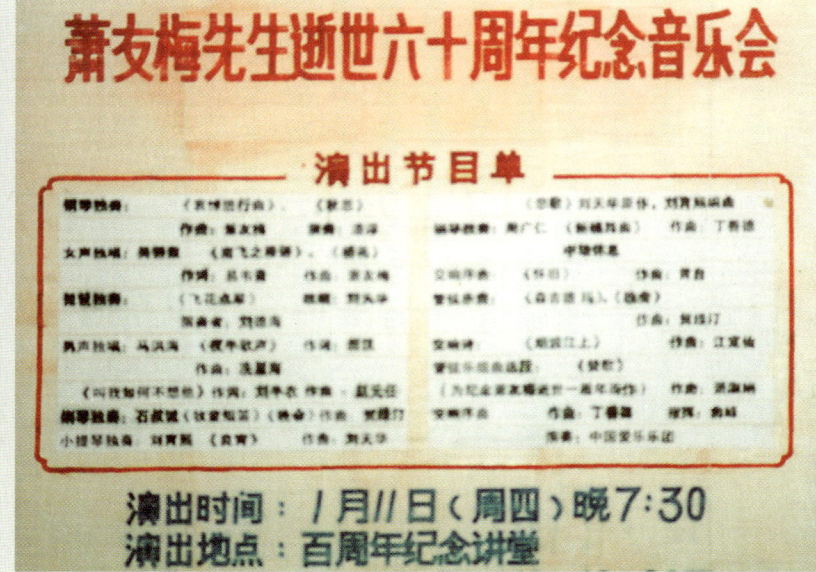

1999年12月29日，由中央音乐学院联合上海音乐学院、中国音乐家协会、北京大学等十家单位在中央音乐学院音乐厅举办萧友梅逝世六十周年纪念音乐会，老志诚在音乐会上演奏他创作于20世纪30年代的获奖作品《牧童之乐》。

萧友梅逝世六十周年纪念音乐会在北京大学演出时的海报

2002年12月中旬，中央音乐学院萧友梅音乐教育促进会将学院保存的萧友梅遗物（两个玻璃书柜和十多个装书用的小木箱）全部赠送给了上海音乐学院图书馆。照片中书柜里和书柜上的图书为萧友梅遗书，原藏于中央音乐学院图书馆，20世纪80年代经萧淑娴提议转藏于上海音乐学院图书馆。

2005年11月8日，广东中山市广电新闻出版局主办的"萧勤1954—2004归源之旅"画展在中山美术馆开幕。为配合画展，中央音乐学院萧友梅音乐教育促进会倡议并提供资料，协助举办"萧友梅生平图片展"。

2005年，中山市艺术交流中心落成，上图为大厅墙上的萧友梅塑像。

2006年8月7—9日，由中央音乐学院萧友梅音乐教育促进会倡议，中央音乐学院、中国艺术研究院音乐研究所、中国音乐家协会理论委员会、南京艺术学院音乐学研究所联合举办的"萧友梅与当代音乐文化建设"全国性学术研讨会在北京举行。图为学术研讨会与会者合影。（王勇提供）

2007年10月24日,在北京海淀区公主坟村举行萧友梅纪念碑揭幕式,纪念碑正面右边镌刻着"纪念中国专业音乐教育的开拓者、奠基者萧友梅博士(一八八四—一九四〇)",居中刻的是"跟随中华民族的解放而获得中国音乐的出路——萧友梅,一九三七"。背面刻萧友梅的座右铭"岂能尽如人意,但求无愧我心"。

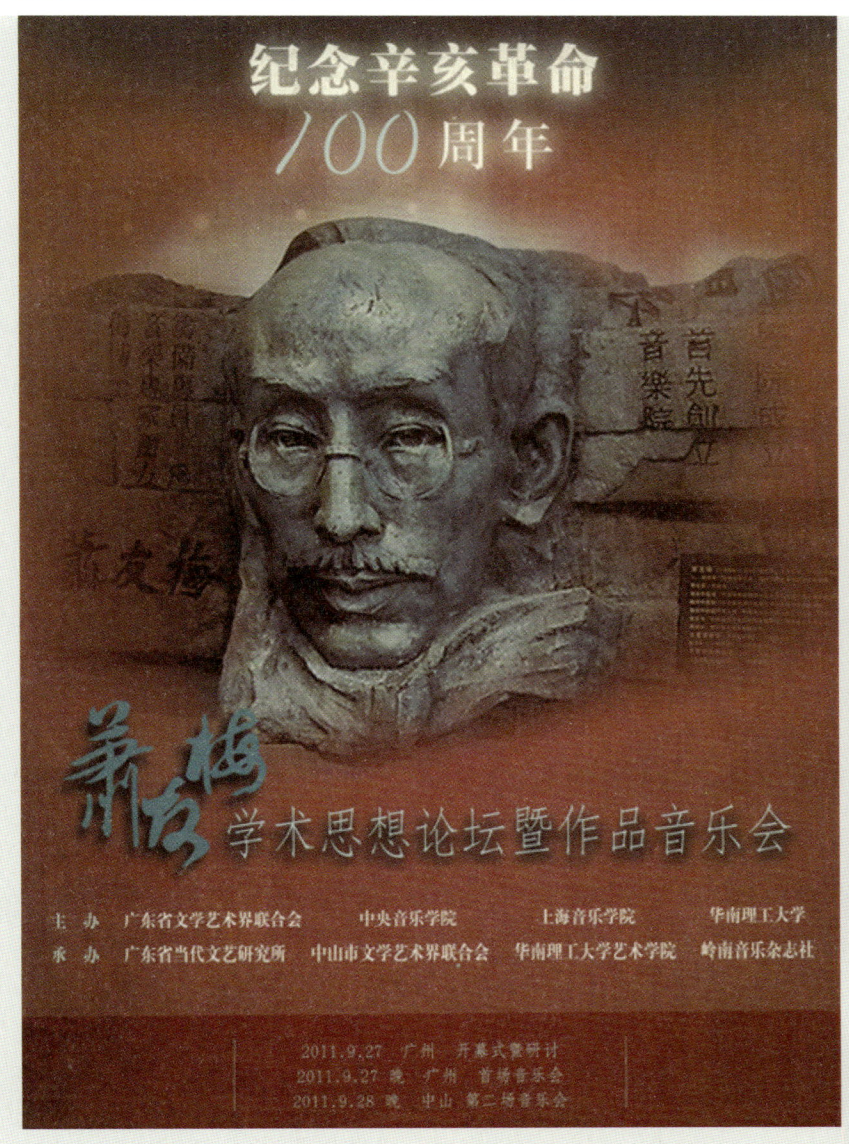

2011年9月27日,"纪念辛亥革命100周年——萧友梅学术思想论坛暨作品音乐会"在华南理工大学举行。本次活动由广东省文联、中央音乐学院、上海音乐学院、华南理工大学联合主办,广东当代文艺研究所、中山市文联、华南理工大学艺术学院、《岭南音乐》杂志社承办。来自北京、上海、南京及广东的专家学者与华工艺术学院师生齐聚一堂,对萧友梅音乐思想与创作教育实践作跨世纪回望。当晚举行了由华工师生担纲演出的萧友梅作品音乐会。

"萧友梅学术思想论坛"会场

华南理工大学青年交响乐团演奏萧友梅作品

2017年9月15日，时任上音党委书记、院长林在勇会见萧勤先生并亲切交谈，时任上音党委副书记、副院长王瑞、时任院办主任史寅参加会见。萧勤先生向萧友梅纪念像献花并致敬意，并欣然为即将出版的《萧友梅画传》题写封面；林在勇院长向萧勤先生赠书。

国立音专在市京路（今杨浦区民京路918号）的校舍，是萧友梅多年殚精竭虑筹措经费建设而成，也是他建院之初就立下的志愿。新校舍1935年建成，1937年便遭日军轰炸，学校被迫四处迁移。中华人民共和国成立后，杨浦区政府对该校舍进行了很好的修缮和保护，并将它列为杨浦区文物保护单位和历史文化教育基地。2005年10月31日，校舍主楼又被上海市人民政府列为优秀历史建筑。

萧友梅和他的精神，就像这栋意义非凡的楼一样，永远矗立在我们心中！

# 后 记

《萧友梅画传》是我们在2016年承担的上海音乐学院音乐研究所的课题。对这个课题我们采取了图片为主，文字为辅，章节叙述性文字简略，图片说明文字尽可能详实的研究方法，力求达到以图叙史，以图证史，图文并茂，详略得当的效果。《萧友梅自编影集》和上音图书馆所藏的萧友梅原始档案，是我们这个课题能够进行的基础。课题旨在通过萧友梅各个时期的照片，以及手稿、文件、证书、书信、出版物乃至实物等的图片及其所相配的文字，生动展现出萧友梅为中国的音乐教育事业鞠躬尽瘁、死而后已的伟大一生。

本课题结项时得到了评审组专家的"优等"评价并同意推荐出版，学校又提供了经费资助，本书方能顺利出版。所以，我们在此要感谢院领导给予的关心和帮助，感谢院音研所的肯定和支持。

感谢萧勤先生应邀担任这本画传的特邀顾问。萧老先生不但慷慨提供了他所珍藏的有关萧友梅的大量图片资料，还欣然允诺题写书名，为本书增添了光彩。

还要感谢萧氏家族的其他亲友后代：萧惠女士（萧淑芳之女）、曾鸣先生（萧淑庄之子）、王秋华女士（王世杰之女）等。

中山市博物馆和梁静文女士热心提供给我们一批萧友梅的重要照片，我们在此表示由衷的谢意。

本书使用了孙海先生在留学德国期间找到的莱比锡大学向萧友梅颁发的博士证书，我们在此向他致谢。这项发现，对上音图书馆现存的萧友梅留德文档是一项重要补充。

还要感谢上音姜丹和汤亚汀两位教授在德语翻译上给予的帮助。

上音图书馆史寅、余丹红两任馆长在本书的完善和出版过程中给予了热情的支持，让我们心存感激。

最后还要感谢本书责任编辑鲍晟女士，她丰富的编辑经验和一丝不苟的责任心保证了本书的出版质量。

本书在最后一章"永远的纪念"中，收入了这些年来较为重要的萧友梅纪念活动和研究成果的照片，肯定还有遗漏（包括活动、研讨会、音乐会、书籍、CD、DVD等），上音图书馆特藏室将继续收集、完善这方面的资料。

今年12月31日，是萧友梅逝世八十周年纪念日。谨以此书纪念这位上海音乐学院创始人、中国新音乐的伟大先驱！

张雄

2020年8月